한국과 동아시아
지방자치제도의 이해

김호성 (편)

편저자의 글

본서를 집필하게 된 이유는 한국 정치사회의 현실에 대한 반성적 고찰이 필요하기 때문이다. 한국사회가 명실상부한 공정사회가 되어 민주적·보편적 가치가 국민의 실제 생활공간에서 실현되고, 지구촌의 엄중한 변혁에 현시적으로 대응하기 위해서는 지방자치제가 정착되어야 한다는 소망이 있기 때문이다.

한국은 올해 있을 대통령선거를 앞두고 여·야 유력후보들 모두가 공정사회를 건설하겠다고 열을 올리고 있다. 이는 해방(1945년)과 동시에 도입된 한국의 정치체제가 지금까지 공정한 사회를 이루지 못했다는 사실을 방증한다. 이와 동시에, 국민은 선거 때마다 공정을 주창하지만 선거가 끝나는 순간 빈 공약이 된다는 것을 잘 인지하고 있다. 그들은 누가 집권해도 마찬가지로 공정사회를 건설할 것이라 기대하지 않는다.

어느 때부터인지 한국 정치사회가 민주주의를 빙자하여 편파적인 이념과 코드에 치중하는 경향을 보인다. 헌법이 보장하고 있는 자유와 평등과 정의가 유린당하고 있어도 일반시민은 어디에도 호소할 수 없는 안타까운 사회가 되었다.

필자는 한평생 교육의 현장에서 학생들에게 개인생활에서는 정직하고, 사회생활에 있어서는 공정하고 법을 준수해야 하며, 민족과 국가에는 애족(愛族)하고 애국하여 민족 통일을 염원하는 융합적인 도덕적 가치관을 갖추도록 하는 교육을 해왔다. 이러한 교육은 각급 학교의 교육법(고등교육법, 초·중등교육법, 유아교육법 등)에 의거한 교육과정의 토대이기 때문에, 한국의 교육자들은 위와 같은 교과서적인 가치관 교육을 해왔다. 따라서 이제는 어느 정도 한국 정치사회가 정직과 공평이 상통하여 정의로운 사회가 되어있을 것이라 믿고 있었다.

그러나 정년퇴직을 하고 사회에 나와서 보니, 공평과 공정과 정의는 권력이 있거나 재력이 있는 사람들의 주장이고 구호일 뿐이지, 소박한 일반시민들은 공평과 공정과 정의가 침해당해도 주권자의 권익과 재산을 보호해주어야 할 마지막 보루인 사법부나 언론 등에 구제를 호소할 수가 없어, 겨우 정부의 국민신문고에 글을 올려 청원 인원이 20만 명이 될 때까지 지켜보는 것이 고작인 세상이 되었다.

'이 난감한 현실을 어디에서부터 조금이라도 풀어볼 수 있을까?'라는 고민을 하다가 민주주의와 민주적인 명분이 일반시민의 실제생활 속에서 이루어질 수 있는, 즉 민주주의의 실사구시(實事求是)가 될 수 있는 출발점이라도 찾아야겠다고 결심했다. 그리하여 미력하나마 그 실마리를 찾아보기 위해서 지방자치제에 대한 탐구를 시작하게 되었다. 결국 주권자인 일반시민의 정치사회생활의 입구이면서 출구인 한국 지방자치제를 들여다보고, 이를 보완하기 위해서 동아시아의 지방자치제에 대한 연구를 해당국가의 전문가들에게 의뢰하게 되었다. (본서의 제2편 참조)

선진적이고 보편적인 지방자치제가 이루어지면 민주주의적 주민의식이 높아질 것이며, 이에 부응하여 지방정치인이 주민의 위상과 가치를 올바로 파악할 수 있을 것이다. 이를 기초로 중앙정치가 헌법이 보장하고 있는 주권재민의 참 의미를 실천하게 될 것이라는 막연한 기대를 갖고《한국과 동아시아 지방자치제도의 이해》라는 작은 책을 출판하게 되었다. 이를 위해서 주민자치제의 일반 이론을 비롯해서 한국과 일본, 중국 그리고 대만의 경우를 살펴보기로 하였다.

21세기는 지방자치제(중화권의 경우 '지방치리'地方治理라고 호칭)의 세기라고 말해 온 지 오래되었다. 이미 많은 국가에서 권위주의적 중앙정부의 자원과 사무가 광범위하게 지방정부로 위임되었거나 지속적으로 이관되어 오고 있다. 이와 더불어, 전 세계가 코로나-19 팬데믹과 무분별한 산업화가 가져온 지구 온난화로 인해서 몸살을 앓고 있다. 산업사회를 일찍이 이룩하고 그 과실인 무기와 과학기술을 갖춘 서구사회는 지난 200여 년 동안 지구촌을 지배하였다. 이 힘을 배경으로 한 서구중심의 가치관이 인류 공동체의 보편적 가치관으로 정착되고 선진국이라는 이름으로 지구촌을 좌지우지 해오고 있다. 그러나 인류가 일찍이 경험하지 못한 코로나 팬데믹과 기후변화로 인해서 탈세계화 추세가 진행되거나 새로운 지구촌 가치관을 향한 전진이 모색되고 있다. 과연 한국은 이러한 국제적 변화에 잘 대비하고 있는가?

이러한 지구촌의 급격한 변혁기에도 불구하고, 현 한국의 현시적 상황은 지방자치는 중앙정치의 부속품이 되었고, 'K-방역'은 주민 각자가 내 가족을 방역해야 되겠다는 가족 유기체적 가족주의적 힘으로 유지되고 있으며, 지구 온난화의 주범인 산업폐기물 처리와 이산화탄소 배출에 대한 실사적(實事的) 대응은 역부족이다. 이러한 어려운 현상을 극복해야 할 정부 정책(특히 인사정책)의 시작은 차등적이고 그 과정이 불공정하니 결과는 부정의적일 수밖에 없게 되었다. 한국은 제왕적 권위주의적 대통령제로 인해서 공정과 정의가 파편화되었다. 이제는 지역주민이 현명하게 국가와 사회의 총체적 위기를 슬기롭게 대체해야 될 시점이 되었다. 한국사회가 주민자치적 사회관과 주민 스스로가 내 가족을 지켜야 하겠다는 가족주의적 국가관으로 총체적인 위기관리를 해야 할 수밖에 없게 되었다.

주지하는 바와 같이 지구촌의 역사는 다양한 형태의 시민혁명을 통해서 자유민주주의-시민민주주의-참여민주주의가 등장한 이래 주권재민의 원칙에 따라서 지방자치제도가 다양한 형태로 도입되었다. 21세기에는 산업사회와 지식정보화사회가 동시적 또는 단계적 변환을 거치면서 지방자치제도가 정밀하게 각국의 정경제도와 전통적 근황에 맞추어 보편화 되었다.

소위 풀뿌리 민주주의가 시대적 요구에 부응하게 되었다. 시장경제를 근간으로 하는 자본주의 체제의 국가뿐만 아니라, 계획 경제를 토대로 하는 사회주의 체제의 국가에서도 지방자치제도가 정착되어가고 있다. 요즘은 시장과 정부의 개입을 다양하게 융합하는 정부체제가 등장하여 이에 어울리는 지방자치제도가 다원적으로 발전하고 있다. 어떤 지방자치제를 도입하든 그 국가의 전통적인 역사적 배경과 주권재민의 명분을 중시하고 있다. 지구촌은 예측하지 못한 코로나-19 팬데믹과 이미 예상하고 있던 급격한 기후 변화로 해서 지금까지 유지해오던 서구중심의 보편적 가치관에 변화를 요구한다. 이제는 한국사회도 이런 시대적 변화 요구에 부응하는 도전적인 지방자치제도의 도입이 필요하다.

동학농민혁명이 일어난 지 160여년!
대한민국 임시정부가 민주 공화정을 표방한 지 100여년!
대한민국의 해방과 분단 70여년!
민주화 40여년!

실질적인 지방자치제 실시 30여년!

　한민족의 근대사를 보면 일본제국주의 침탈로부터 민족의 소망인 해방을 맞이했지만, 민족구성원의 의지와는 관계없이 미군정이 도래했다. 이는 결국 외세에 의한 유사 이래 처음인 민족분단과 한국전쟁의 발발을 가져왔다. 광복의 평화를 구가하기도 전에 외세에 의한 분단 그리고 전화라는 참혹한 현상에 5천 년의 민족사가 허무하게 침몰되었다.

　대한민국의 헌법은 제1조에서 대한민국이 민주공화국이며 주권재민(主權在民)임을 명시하고 있지만, 민주공화정과 주권재민의 정신을 실현하는 데는 많은 역경이 도사리고 있었다. 4월의 미완성 민주혁명, 이어진 군사쿠데타와 헌법파훼로 탄생한 제4공화국 및 제5공화국 등장과 이를 극복하려는 5월 광주 민주화 운동을 거치는 동안 9차례의 헌법 개정이 있었다. 그러나 그러한 역경의 과정에서도 민주공화정과 주권재민의 헌법정신만은 남아있었다. 한국은 이 질곡(桎梏)의 기간 동안 권위주의적인 1인 지배체제가 해체되고 헌법정신의 실질적인 성취를 위한 자유선거라는 절차적 민주주의가 실현되었고 정권교체도 이루었다. 지난 40여년 산업화와 민주화를 거치면서 중앙정치는 삼권분립(三權分立)과 자율성이라는 민주적 원칙이 꾸준히 진전되어 왔다.

　다만 경우에 따라서 권력분권화를 무색하게 하는 제왕적 대통령제라는 오명은 다수당의 횡포와 동반하여 다수결이라는 이름으로 민주적 절차가 자의적으로 이루어져 '국민을 위한(for the people)' 정치가 훼손되는 결과를 초래하기도 하였다. 또한, 민주공화정과 주권재민의 헌법정신을 보장해야 하는 최후의 보루인 사법부의 독립성과 견제와 균형의 삼권분립을 일선에서 수호해야 할 소위 제4부인 언론의 건설적인 역할은 허명뿐이었다. 비록 중앙정치는 그런대로 헌법적 명분을 지키기 위해서 정치세력 간에 적잖은 정쟁은 이어져 오고 있지만, 민주적 정당정치를 실현하기 위한 노력보다는 편당적 기능에 몰두하고 있다는 비판을 면하지 못하고 있다.

이러한 중앙집권적 중앙정치의 문제점을 보완하여 실질적인 주권재민을 실현하려는 노력으로 등장한 것이 풀뿌리 민주주의를 명분으로 지방분권을 강화하기 위해 등장한 지방자치제도이다. 산업화사회 이후 지식정보사회의 발전은 교통과 통신의 발달과 주민 욕구의 다양화를 충족시키기 위한 지방주민자치의 시대를 열었다.

한국의 경우, 지방자치제도가 우여곡절 끝에 도입되어 있어 외형상 중앙집권적인 통치와는 다른 형태를 띠고 있지만 지방자치제의 실제 운용에 있어서는 중앙정부의 위임기관, 또는 권한대행 이상의 의미를 갖지는 못하고 있는 한계점을 가지고 있다. 그러나 지방자치제가 어느 정도 궤도에 올라야만 진정한 '국민을 위한 민주정치'가 성취될 수 있다. '국민에 의한(by the people)' 절차적 민주주의가 성공을 거두기 위해서도 지방자치제가 활력을 가져야 한다. '국민의(of the people)' 민주정치는 지방자치제의 주체인 지역주민에 의한 지방정부가 제 궤도에 올라야 실현할 수 있을 것이다.

집필 개요

본서는 한국 대의민주주의 폐단을 바로 잡기 위해서는 자방자치가 제대로 자리를 잡아야 한다는 취지에서 집필을 시작하였다. 그러나 일단 출판하여 비판의 과정을 거쳐서 다시 보완하기로 결심하고 다음과 같은 내용으로 간편하게 편성하고 집필하였다. 제1편에서는 '한국의 지방자치제도: 이론과 실제'를 기술하고, 제2편에서는 '동아시아의 지방자치 연구'에서 일본, 중국, 대만의 지방자치제에 대한 전문가들의 논문을 게재하였다.

제1편은 제1장에서 제7장까지로 구성되어있다.

제1장과 제2장에서는 한국 지방자치제에 대해 서설(序說)하는 내용으로 지방자치제의 등장 배경 및 내용, 시행에 대해서 기술하였다. 제1장에서는 지방자치와 그 특징 및 자치권의 내용에 대해서 서술했다. 1절은 지방자치제의 의미와 그 실시의 필요성에 대해서 서술했다. 시대의 변화에 따라서 대의민주주의가 민주주의의 기본가치인 주권재민(主權在民)의 기본적인 원리에 부합하지 못하게 되자, 이에 대응하는 다양한 직접민주주의 형태가 등장하게 되었다. 그 대표적인 예시가 지역주민의 직접참여를 강조하는 풀뿌리 민주주의의 등장이다. 그 시행형태도 심의 민주주의를 비롯해 숙의 민주주의, 전자민주주의, 원격 민주주의, 사이버 민주주의 등 다양하며, 각 국가의 정치문화에 따라서도 다양한 형태로 나타난다. 1절에서 이런 내용

을 광범위하게 소개했다. 2절에서는 자치권의 속성을 탐구했다. 자치권에는 자치입법권, 자치조직권, 자치행정권, 자치재정권 및 자치사법권이 있다. 지방자치의 성과를 이루기 위한 로컬 거버넌스에 대해서 설명하고, 로컬 거버넌스의 실현의 측면에서 한국이 가진 한계를 점검하였다.

　제2장에서는 한국 지방자치제의 함의로서 한국 지자제의 지향점과 변천사 및 한국지방자치제 실시에 대한 사실적인 헌법과 법률적 근거를 살펴보았다. 1절에서는 한국 지방자치의 역사성을 서술했다. 한국인의 정치적 성향인 정의주의, 저항주의, 권위주의, 참여주의를 반성적으로 고찰하고, 한국지방자치제 도입의 역사적 원류인 향약(鄕約)과 동학농민혁명 시기의 집강소(執綱所)에 대해서 설명하였다. 이어서 한국 지방자치제의 역사적 변천과정을 현대적 관점에서 간단하게 정리하였다. 2절에서는 헌법적, 법률적 규정을 밝혔다. 헌법과 지방자치법에 근거한 한국지방자치제의 구체적 구분과 구조 및 조직과 그 실행 내용 등에 대해서 기술하였다. 아울러 지방교육자치와 지방경찰자치의 의의와 그 내용에 대해서도 살펴보았다.

　제3장에서는 지방단체의 자치기관의 권리와 의무 그리고 자치사무의 종류와 그 내용에 대해서 기술하였다. 한국 지방자치제의 종류와 구체적 운용의 구조적인 면을 보면, 의결기관인 지방의회와 집행기관으로서의 기관장이 있으며, 한국 지방자치단체에는 보통지방자치단체로서 광역자치단체와 기초자치단체가 있다. 지방의회는 의결권 및 선거권, 감시권, 의결표명권, 자율적 권한이 있다. 기관장은 관리 및 집행권, 규칙제정권, 직원 지휘, 감독권 등이 있다. 자치사무로는 지자체의 고유사무와 위임사무(단체

위임사무와 기관위임사무)가 있다. 1절은 한국 지방자치단체의 기관으로서 의결기관과 집행기관에 대해서 탐구한다. 의결기관인 지방의회와 지방의원의 권리 및 의무에 대해서 고찰하고, 집행기관으로서 지방자치단체의 기관장(長)에 대해서 설명하였다. 그리고 기관장의 지위 및 권한을 기준으로 의결기관과 집행기관과의 건설적인 관계에 대해서 살펴보았다. 2절은 지방자치단체의 자치사무에 대해서 설명한다. 사무배분의 원칙과 사무의 종류에 대해서 설명하고 사무구분의 필요성을 기술하였다. 사무구분이 필요한 이유로는 중앙정부의 지방정부에 대한 감독의 편이성과 경비부담 문제의 해결과 지방의회와의 상호관계의 효율적인 유지를 들 수 있다.

제4장과 제5장에서는 지방자치제의 실질적 성취를 위한 풀뿌리 민주주의 발전의 중요한 요인이 되는 정당(중앙정당과 지방정당)과 재정에 대해서 정리했다. 제4장에서는 현대 참여민주주의 실체적 주체는 정당이며, 정당이 주체가 된 정당정치의 성공 여부가 풀뿌리 민주주의 발전을 가져온다는 관점에 입각해서 지방자치와 정당정치에 관해서 고찰하였다. 또한, 지방조직(지방정당)의 활성화 방안을 모색하고, 중앙정당과 지방정당과의 건설적 관계에 대해서도 고찰하였다. 제5장은 지방자치와 재정의 관계성에 대해서 서술했다. 지방자치제가 성공하려면 일정한 지방자치단체의 자율적(自律的)인 재정의 편성을 통한 독자적(獨自的)인 재정확보가 필요하다. 한국의 경우 모든 행정운용이 아직까지도 국가행정 중심으로 움직이기 때문에 지방재정과 국가재정 간에 조화가 필요함과 동시에 지방재정의 독립성이 보장되어야 한다고 평가할 수 있다. 이런 관점에서 지방자치단체의 자체 수입구조와 세외 수입구조 및 지방체에 대해서 고찰하였다.

제6장은 본서의 결론으로서, 한국지방자치제도가 도입된 이래 그 실행 과정에서 나타난 몇 가지 문제점을 검토하여 그 해결점을 찾아보고 미래지향적인 개선 방향을 제안하였다. 제6장에서는 한국 지방자치단체의 문제점을 고찰하고, 개선점을 제안했다. 한국 지방자치단체의 문제점을 지방자치의 내부적 문제와 외연적 문제를 고찰하고 그 개선점을 제시함과 동시에, 한국 지방자치제의 발전 방향을 결론적으로 제안하였다. 지역주민의 참여문제와 외적 환경문제를 지적하고 건설적인 발전 방향을 탐구하였다. 1절은 한국 지방자치단체의 문제점 고찰로서 지방자치단체의 주민 참여의식 등의 내재적 문제점과 그 중앙정부와의 관계 등 지방자치단체의 외적 환경문제를 외연적 문제점으로 검토하였다. 지방자치단체의 내재적 문제로는 주민참여의 통로상의 문제점과 지방자치정부의 역량 강화문제 및 지방정치인의 육성을 위한 과제와 성숙한 지방정치인의 등장에 대해서 지적하였다. 외연적 문제로는 지방사업에 대한 준비부족에서 오는 자원낭비문제 외에 기관장의 불요불급한 사업으로 인한 자원낭비 문제를 고찰하였다. 마지막으로 정치의식과 정치제도상의 상호모순 문제로 중앙정부의 분권화 의지 문제와 중앙정부의 지방정부에 대한 통제와 간섭의 문제점 및 지방선거제도의 미흡한 면을 지적하였다. 마지막으로 짧게나마 위의 여러 문제점의 해결점에 대해 제시해보았다. 2절은 건전한 지방자치제의 발전을 위한 제안으로서 우선 주민의 참여의식 고양과 지자체의 인적·물적 능력의 강화를 주장했다. 이뿐만 아니라 지방권력이 민주화되어야 하며, 지방 NGO 운동과 지방언론이 활성화되어야 하고, 지방자치단체 간의 건설적인 관계가 지속적으로 개발됨과 동시에 국가와 지방자치단체 간의 관계 설정이 보완적으로 이루어질 것을 건의하였다.

제7장에서는 지방자치단체의 실제적인 사례로서 서울특별시 동작구 흑석동의 주민자치회(住民自治會)의 경우를 고찰하였다. 1절에서는 주민자치회의 개념과 기능을 정리하였다. 2절에서는 서울특별시 동작구 흑석동 주민 자치회의 운영 실시의 법적 근거와 그 운영의 실태를 검토했다.

제2편에서는 한국 지방자치 발전을 위한 참조점으로서 동아시아의 지방자치를 소개했다. 1장에서는 정시구 교수께서 일본의 지방자치제에 대해 상세히 소개했다. 2장에서는 장영희 교수와 윤은상 선생께서 대만 지방자치의 역사와 발전에 대해서 살펴보았다. 3장에서는 선옥경 교수께서 중국의 지방자치에 대해 상세히 소개했다.

본서는 지역주민과 지역 정치인에게 조금이나마 참고할 수 있는 교양서적이 되기를 바라면서 집필했다. 책이 나올 수 있도록 원고정리와 교열을 도와주신 장영희 교수님과 윤은상 선생님에게 감사드린다. 출판 시장의 어려운 여건 속에서도 흔쾌히 출판을 맡아주신 도서출판 소망의 방주석 대표님께도 감사의 마음을 전한다. 이 책이 한국의 지방자치 발전에 작은 소임을 감당할 수 있기를 기대한다.

목차

제1편

한국의 지방자치제도:
이론과 실제

제1장 지방자치와 그 특징

군주주권론에 대응하는 국민주권론에 따라서 다양한 민주주의 형태와 개념이 등장하여 시민사회가 빠르게 발전하였다. 삼권분립 원칙과 사법독립체제가 헌법에 보장되면서 권부 간의 상호견제와 균형을 위한 언론의 자유가 성장하여 자유민주주의가 독제와 전제에 맞서는 원리가 되었다. 이 자유민주주의는 경제적 자본주의와 결합하여 지구촌에 활력을 불어넣었다. 그러나 제왕적 중앙정부는 지방정부를 중앙정부의 장식품으로 전락시키는 현장이 지구촌 곳곳에서 벌어지고 있다. 대한민국도 그 범주를 크게 벗어나지 못하고 있다.

본 장에서는 현대 민주주의 사회에 부합하는 진정한 지방자치제도가 무엇이며 어떤 특성이 있는가를 살펴봄으로 한국의 민주주의 발전에 지방자치제도가 필요하다는 점을 강조하고자 한다.

제1절 지방자치란?

이 절에서는 지방자치제도에 대한 기본적인 함의와 그 필요성을 이해하고 대의 민주주의 한계를 극복하는 방법으로 풀뿌리 민주주의에 주목하여, 이에 대한 다양한 관점을 알아본다. 이를 통해서 주민자치제를 통한 생활정치가 실현되면 주민이 정치 주체로 전환된다는 점을 드러내고자 한다.

1. 지방자치에 대한 관점

지방자치에 대한 개념은 다양하고 그 범위도 다양하다. 따라서 이를 실행하는 국가도 전통적 관습과 역사적 배경에 따라서 다양한 형태로 지방자치제를 실시하고 있다. 지방자치제 도입의 장점은 지역주민의 자율성과 다양성을 보장하고 주민참여를 포괄적으로 보장하는 데 있다.

1) 지방자치의 의미

지방자치를 순수하게 이론적으로 접근하여 개념화하면 국가의 일정 부분인 "지방이 자신의 문제를 스스로 처리하는 것을 말한다."[1] 다시 말해서, 지방주민이 주권자로서 주체적으로 그 지방에서 일어나는 여러 사안을 자주적으로 판단하여 결정하고, 그 결과에 대해서 책임을 지는 일체의 행위를 말한다. 지방주민은 통치권의 원천인 주권을 가지고 있는 국민[2]이기 때문에 지방의 모든 사항(위임사항 포함)을 스스로 처리할 수 있다. 그러므로 지방자치제 하에서는 ① 일정 지역의 지속적인 발전과 지역주민들의 복리증진을 위해서, ② 그 지역에서 조달되거나 국가의 지원금을 재원으로, ③ 지역주민의 일상생활과 밀접하게 관련되어 있는 지역적 사무를 스스로 처리하거나, ④ 대표자의 선출을 통해서 자주적으로 처리하고, ⑤ 지역주민의 대표자(지방의회와 같은 의결기관과 단체장 같은 집행기관)는 의결과 집행의 결과에 대해서 책임을 진다.[3]

지방자치의 이러한 성격으로 볼 때 지방자치는 주민자치와 단체자치[4]의 상호보완적 개념이다. 실제적 측면에서는 주민자치와 단체자치는 더욱 서로 밀접한 것으로 파악된다. 또한 지방행정도 일정한 지역에서 지방자치단체가 수행하는 행정행위로 보아 자치행정과 위임행정을 포함한다. 다만 국가의 특정한 중앙행정기관에 소속되어 국가사무의 집행권만 가지는 특별 지방행정기관의 행정행위는 지방자치 또는 지방행정에 포함되지 않는다.

2) 지방자치제도를 실행하는 국가들

지방자치제도는 각 국가들마다 특징을 달리한다. 영국, 스위스, 캐나다, 호주, 미국 등은 지방자치가 광범위하게 이루어지고 주민이 폭넓게 참여하여 국가공무원 없이 다양성이 보장되고 개별적으로 이루지는 지방분권적 국가이다. 반면에 네덜란드, 프랑스, 이탈리아, 스페인, 벨기에 등의 유럽 국가는 자치의 범위가 협소하고 중앙정부의 관료가 파견되어 이들의 감독과 통제가 이루어져 상대적으로 획일적이고 도식적으로 지방행정이 이루어지는 나라도 있다. 그런가 하면 사회주의 국가나 후진국에서 볼 수 있는 바와 같이 행정구역과 지역이 국가 관리의 편의상 나누어져 있으나 국가에서 완전히 관리하거나 반(半) 자치권만을 부여한 국가들도 있다. 이에 대해서는 다음에 중국의 자방자치제에서 보완 설명하겠다.

어떤 형태의 자방자치제를 택하든 개별국가의 선택과 집중이 중요하다. 지방자치제는 주민의 자율성과 다양성을 보장하고 주민의 적극적 참여가 제도적 장점이다. 형식상(법률상) 지방자치제를 택하지만, 실질적으로는 막강한 국가권력이 제왕적 권력으로 작용하고 무소불위의 사법권과 언론이 음양으로 압박한다면 지방자치는 의미를 상실한다. 지방자치제도는 형식이 중요한 것이 아니라 실질적 실행과정과 그 결과가 중요하다.

2. 지방자치가 왜 필요한가?

지방자치의 실현은 보다 많은 시민의 국민주권이 보장되어 헌법에서 명시된 주권재민이라는 원칙을 확대할 수 있기 때문에 중요하다. 지방자치제도는 한국의 정치현황에서 드러나는 문제점을 통해 적실성을 가지며, 이론적인 측면에서 그 필요성을 가지고 있다.

1) 민주주의의 손상 방지

대의민주주의가 절차적 민주주의에만 집착하게 되면 민주주의 본질이 손상된다. 중민(中民)이론을 주장하는 한상진 서울대 명예교수의 한국 현황 분석을 경청하면, 지방자치제의 정상화가 절실하게 필요하다는 것에 동의하게 된다. 그는 최근 인터뷰에서 한국의 현 상황을 진단하는 전제로서 "바람직한 민주주의 정치라면 다양한 의견이 공존해야 한다."고 말하고, "한 사안을 두고 여야 간에 의견이 다르면 토의를 통해서 그 격차를 줄여야 한다. 다수결에만 부치는 투표는 도저히 이견이 좁혀지지 않을 때 사용하는 최후의 수단이다. 지금의 여당은 국회 의석의 절대적 다수를 차지한 뒤로 야권의 의견을 전혀 듣지 않는 것처럼 보인다. 국회의 역할인 입법부에서부터 인사 등 다양한 분야에서 다수결을 이용해 자신들의 의견만을 관철하고 있다. 공공기관장이나 이사, 심지어 비상임이사까지도 정해놓고 공모 절차를 밟고 있다. 따라서 '기회는 평등하고 과정은 공정하며 결과는 정의로울 것이다.'라는 주장도 깨졌다. 형식상 민주주의 절차를 잘 지키고 있으나 결과적으로는 전횡을 일삼고 있다."고 주장했다. 즉 권력 중독에 빠졌다는 것이다.

'진보와 보수에 얽매이면 증오의 정치보복'만 지속된다. 그러므로 '진영

논리에 빠지지 않는 사람들이 있어야 하며, 정쟁보다는 사회적 실천을 통해서 세상을 바꾸는 사람들이 정치적 의사결정에 참여해야 한다.' 진보와 보수 틀을 깨는 정치세력이 필요하다.[5] 한국사회를 '권력에 중독된 세력'으로부터 구제하고 '진보와 보수의 틀'을 깨어서 민주주의의 본질을 지키는 정치세력을 체계적으로 양성할 수 있는 제도가 바로 지방자치제이다.

2) 지방자치제가 필요한 논리적 이유

지방자치제의 필요성을 논리적으로 접근하면, 지방자치제는 민주성, 경제성, 효과성을 보장하기 때문에 필요하다고 볼 수 있다.[6]

민주성의 관점에서, "의사결정의 단위가 작아질수록 구성원의 의견을 존중하고 반영하기가 용이"하다. 그렇기 때문에 지방자치, 주민자치를 시행하면, 지역주민의 의견을 더욱 잘 반영한 의사결정이 가능해진다. 이는 더욱 국민주권을 확대하는 것이므로 지방자치제는 필요하다. 경제성의 관점에서, 지방자치제는 최소한의 비용으로 최대의 공공서비스를 지역주민에게 제공할 수 있다고 본다. 이와 더불어, 최소의 경비로서 지역주민에 알맞은 가장 적절한 공공서비스를 제공할 것이라고 간주한다. 효과성(효율성)의 관점에서, 국방이나 외교 등은 국가차원에서 잘할 수 있지만 전기·수도 공급과 지방도로 건설 등은 성격상 관역지방단체에서 시행하는 것이 효과적이다. 또한, 버스노선 설정, 자전거 도로 건설이나 주민쉼터 마련 등의 지역주민 밀착 행정(주민 일상생활에 관한 사항 등)은 기초지방단체가 각각의 이해관계를 보다 심도 있게 파악하여 처리할 수 있다고 본다.

그러므로 지방자치제는 민주성과 경제성, 효과성을 가지기 때문에, 기존의 행정제도보다 더욱 진일보한 형태라고 할 수 있다. 그러나 위의 세 가지

이유는 평상시에 주민이 갖고 있는 주민자치에 대한 관심도와 성숙도와 관련성이 깊기 때문에 주민의 시민의식에 따라 그 효과에 폭이 달라질 수 있다는 점은 유의해야 한다.

3) 대의민주주의의 탄생

인류사에 등장하는 통치이념은 민족·국가 구성원의 역사적 경험(관습과 시대성)에 따라서 다양하게 나타나고 있다. 인류사는 유사 이래 독재주의, 전체주의 그리고 권위주의에 대응하는 의미로 민주주의를 발전시켜 오고 있다. 이때 민주주의 함의는 당연히 인권이다. 그렇기 때문에 현재 지구촌의 국가들은 어떤 형태든 민주주의의 정체를 지향하고 있다. 각 국가가 민주주의라는 가방 속에 담고 있는 내용물에서 차이가 있을 뿐이다. 이처럼 민주주의의 특성은 다양성을 가지고 있고 어느 국가나 지향하고 있는 통치이념이다.

'어떻게 주권자인 국민의 권리를 더욱 가치 있게 보장할 수 있을까'라는 고뇌에 따라서 민주주의 역사는 고대 그리스의 아테네 도시국가에서 발달한 고대 민주주의에서부터 현대의 대의민주주의가 탄생하였고, 이제는 참여민주주의 내지는 시민민주주의, 풀뿌리 민주주의 그리고 심의민주주의 또는 숙의민주주의로까지 발전·성숙해왔다. 대의민주주의는 지역성과 인구 증가에 따라서 간접적 방법으로 구성원이 대표자를 통해서 국정에 의견을 개진하게 되는 양태이다.

대의민주주의의 특징은 선거라는 제도를 통해서 국민 대표자가 선출되고, 선출된 대표자가 국민의 의사를 수렴하여 정부와 사법부를 견제하고 균형을 유지하여 국민의 자유와 권리를 보장하고 독재적 권력(권언 유착

등)이 등장하지 못하도록 하는 데 있다. 이는 간접민주주의의 전형이다. 그러나 주지하는 바와 같이 한국 정치현실은 민주주의의 결핍된 상황들이 등장하고 있다.

〈한국 민주주의의 현실〉[7]
민주주의 외관 뒤에서 엘리트에 의한 정책결정
유권자가 아닌 금융 및 자본시장의 비위를 맞추어야 하는 정책결정
겉보기에 다원주의적 정책결정 안에서 기업이 갖는 특권적 위치
공공비용을 자신들의 물질적 이익을 추구하기 위해 사용하는 사적 이익집단
자신의 지역구와 정치자금 제공자에게 혜택 제공을 하려는 의원
공적이익이 아닌 개인의 이익을 추구하는 관료
유권자에게 실질적인 선택을 제공하지 않는 정당
소수의 지지로 선출된 정부와 같이, 상식을 벗어난 결과를 생산하는 선거제도
국가에 대한 애착심이 약한 소외된 소수집단의 존재
안보의 이름으로 민주적 권리를 약화시키는 관행

의원들의 공공심 결핍과 정당의 도당화(徒黨化=패거리 정당) 그리고 이를 뒷받침하는 선거제도와 선거행태가 한국의 대의민주주의를 크게 훼손시키고 있다. 이를 극복하기 위해서 지역 주민과 함께 가는 지방자치제가 절실하게 필요한 시점이다. 따라서 대의민주주의의 민주주의에 대한 결핍을 극복하기 위해서 발전한 이론인 참여민주주의, 시민민주주의, 풀뿌리민주주의, 심의민주주의, 숙의민주주의 등에 주목할 필요가 있다. 이러한 민주주의의 형태는 지방자치제를 통해서 주권자의 권리를 더욱 보장한다.

4) 참여민주주의(시민민주주의)의 등장

현대 민주주의는 참여민주주의(participatory democracy) 또는 시민민주주의(citizen democracy)라고도 불린다. 통신기술이 발달하고 교통수단이 편리해짐에 따라서 주권자의 정치과정에의 직접 참여가 증가하였다. 그러나 대의민주주의 하에서도 대부분 국민투표나 국민소환 등의 장치가 있었으나 이런 제도만으로 국민의 늘어난 정치참여 욕구를 충족시킬 수 없게 되었다. 따라서 주민의 직접 참여를 더 폭넓게 보장할 수 있는 지방자치제를 통해서 주권자인 주민의 정치참여를 어느 정도 만족시킬 수 있게 되었다. 이를 통해 주권자가 직접 정치과정에 참여하여 시민이 된다. 바로 이러한 현대정치사회의 변화가 참여민주주의가 시민민주주의가 되는 소이연이다.

현대 각 국가에서는 주민자치가 활성화됨에 따라서 주민이 지역 현안 결정에 직접 참여할 수 있는 다양한 제도가 창출되고 있다. 여러 지역에서 지자체법과 각종 조례를 통해서 지역주민은 자방자치 단체장과 의원에게 지역 현안을 건의할 수 있고 또한 지역 현안의 특성에 따라서 이들의 결정에 직접 참여할 수도 있다.

5) 풀뿌리 민주주의(grassroot democracy)

풀뿌리 민주주의는 마을 공동체 기반의 주민참여(住民參與)를 강조한다. 우리나라의 경우는 광역자치단체보다는 기초지방자치단체 수준의 주민참여에 주목한다.[8] 풀뿌리 민주주의란 소수 엘리트 그룹이 아닌 대다수 민중(民衆)이 정치-자치에 직접 참여하는 민주주의를 말한다. 민중의 저변에 파고들어 민중의 지지를 얻어내는 민주주의의 양태이기 때문에 평범한 민중이 지역공동체의 실제 살림살이에 자발적으로 변화를 시켜나갈 수 있다. 대중적인 지역의 문제를 중앙정부가 아니라 지역에서 스스로 해결해나가는 민주주의를 말한다. 이를 주민의 입장에서 보면 주민 개개인에게 골고루 영향을 미치는 대중적인 민주주의의 한 형태이기도 하다. 민중은 대의민주주의에서 나타나는 의회제에 의한 간접민주주의에 반대하는 시민운동, 주민운동 등을 통해서 직접적으로 정치-자치에 참여하게 된다. 이러한 풀뿌리 민주주의를 실질적으로 실현하기 위해서 '주민자치회(住民自治會)'가 만들어지기도 한다.[9]

"풀뿌리 민주주의는 정당과 같은 거대조직에 의해서 작동하는 대의민주주의적 정치 과정이 아니라 평범한 시민들 또는 민초들의 조직화와 직접참여를 통해서 활성화되는 정치과정을 강조한다."[10] 한국 같으면 기초지방자치단체에서 지역주민-동네 주민이 단체장과 지방의회에 대해서 지역에서 필요한 안건을 직접 건의하고 참여할 수 있는 정치-자치 과정이다. 이는 지역구성원 사이에서 형성된 신뢰, 상호호혜의 규범, 네트워크와 같은 '사회적 자본(social capital)'에 의해서 이루어진다.[11] 지역주민에 의해서 자발적으로 조직한 공영의 여러 단체에 주민들이 자주적으로 참여하여 활동하고, 이러한 활동을 통해서 지역주민이 서로 신뢰를 쌓는다. 이러한 주민 간의 신의를 바탕으로 상호호혜 평등의 규범을 만들어 지역주민이 바라는 공공의 목적을 위한 집단적 역량을 발휘하게 된다. 공공의 목적을 위한 집단역량은 주민 간의 갈등을 해소하고 서로 협력하는 길을 창출하게 된다. 결국 주민들이 자신의 문제를 주체적으로 해결함으로써 직접민주주의가 성장하게 된다.[12] 이는 풀뿌리 민주주의가 정치-자치과정에서 만들어내는 전형이다.

다원성을 가진 현대사회에서 풀뿌리 민주주의가 바람직하다고 하지만 실질적으로 풀뿌리 민주주의의 정신이 작동하지 못하게 하는 제약들이 있다. 그래서 등장한 것이 생활정치, 풀뿌리운동 등 풀뿌리 참여론이다.[13] 참여민주주의 또는 풀뿌리 민주주의라는 명분으로 다양한 정치시민단체들이 등장하고 있다. 정치현장에는 '시민 없는 시민단체' 또는 '주변 측근들로 구성된 시민단체'들도 존재한다. 이 단체들은 소위 전문가나 활동가들이 NGO라는 이름으로 시민단체를 만들어 운영하고 정부 기관과 기업으로부터 운영비 내지는 활동비를 받아 활동한다. 이들은 한국의 특성상 주로 수도권에 밀집하여 시민, 주민 또는 사회적 약자의 정치적 자치를 대변하고 보호한다는 목적으로 출발하지만, 가끔 서류를 거짓으로 만들어 보고하고 심지어는 운영비를 착복하여 횡령 및 배임으로 사회적 물의를 일으키기까지 한다. 심지어 이들은 중앙 정치단체나 정당과 연계하여 국민의 대표기관인 국회에 진출하기도 한다. 여기서 주목해야 할 점은 이들 대부분이 풀뿌리 민주주의에 기반을 두고 있다는 점이다.

그러나 정치적 보스들이 정치를 좌지우지하는 한국정치의 현실과 대부분의 주민들이 정치현장에서 소외되어 있고, 정치적 제도를 활용하거나 참여문화를 만들지 못하는 지역의 여건 속에 풀뿌리 민주주의가 착근하기는 어려운 현실이다. 풀뿌리 민주주의가 한국사회에서 착근하지 못하는 구체적 이유를 다음과 같이 지적하고 있다.[14]

① 한국의 정치현상이 중앙정치 중심으로 움직이고 있어 지방이나 지역사회의 의제들이 지역주민의 주목을 받지 못하고 있다. ② 한국정치는 선거로 대표되고 선거를 준비하는 정당들이 정치의 중심에 있다. 더욱이 정치가 보스 중심으로 되고 비민주적으로 되고 있어 지역정치인은 주체적으

로 활동하는 데 장벽이 있다. ③ 지역의 토호세력들이 지역적 물적인 기성의 인간관계를 중심으로 지방정부와 의회를 장악하여 생활정치를 가로막고 있다. ④ 한국사회의 빠른 도시화, 산업화, 서양화로 인한 노동조건의 변화에 생활정치가 적응하지 못하고 있다. ⑤ 시민사회운동이 구체적인 시민사회의 이슈를 만들기보다 추상적인 의제로 그치는 경우가 많다.

이런 문제점들을 해결하기 위해서 등장한 것이 생활정치, 풀뿌리 참여, 풀뿌리 운동이다. 이를 성공적으로 진행하기 위해서는 생활정치를 활성화하기 위한 일련의 과정이 필요하다. ① 정치의 장이 다양하게 구성되고 구체적인 지역현실에서 고유하고 구체적인 의제가 개발되어야 한다. ② 생활정치가 정당보스정치의 틀을 벗어나 생활정치의 영역을 확장하는 노력을 해야 한다. 그러기 위해서는 최소한 기초단체의 의회는 무당파의 등장이 요구된다. ③ 지역토호세력과 지역발전을 위한 발전적 프로그램을 개발하고 지역 신진 세력과 협치를 이루는 장을 창출해야 한다. ④ 시대변화에 부응하는 보육, 교육, 문화, 복지, 의료 및 교통 등의 생활 밀착적인 생활정치가 이루어져야 한다. ⑤ 주민이 생활정치의 주체이고 수혜자가 되어야 한다. 주민이 직접 참여하는 각종 스포츠 활동이나 문화 활동 단체 등을 구성할 필요가 있다. ⑥ 이런 생활정치가 지방자치에서 성공적으로 이루어지기 위해선 지방자치단체장과 지방의회의원들에게 일정한 교육이 필요하고 주민들에게도 풀뿌리 주민교육이 이루어져야 한다. 그러므로 이를 위해서 각 지방자치단체에 〈풀뿌리 교육센터〉의 건립이 절실하다.

6) 다양한 형태의 민주주의

요즘 대의민주주의의 결함을 보완하기 위해서 심의민주주의 내지 숙의

민주주의가 대두되고 있다.[15] 아울러 정보통신기술의 발달과 인터넷망의 구축이 활성화되면서 전자민주주의가 등장하여 정치참여의 개인적, 사회적 비용이 절감될 수 있다.

대의민주주의가 투표를 통해서 민의가 정치현장에 투영된다면, 심의(숙의)민주주의는 특정사안에 대한 소통을 통해서 민의가 반영된다. 대의민주주의가 대표자 중심이라면 심의(숙의)민주주의는 주민들 간의 자유로운 토론을 강조한다. 그렇기 때문에 심의(숙의)민주주의는 중앙정부나 광역지방단체에서보다는 지방분권을 통한 기초지방자치단체에서 더욱 효과적일 수 있다. 대의민주주의에 대한 비판으로 출발하지만, 그 내부의 문제점을 보완하는 차원에서 시도된다고 본다. 대의민주주의는 선거, 투표, 주민대표자를 통한 간접민주주의가 강조됨으로써 선거와 투표과정에서의 비민주주적인 여러 문제점이 나타나고 대표자의 탈주민적 행태가 후진국의 정치과정에 만발한 반면, 심의(숙의)민주주의는 주민의 직접참여에 의한 토론과 숙고를 통한 공동선의 발견을 강조하고 시민사회의 비공식적이고 다양한 형태의 시민참여와 토론을 강조하기 때문에, 주민의견의 공론화를 통한 직접민주주의 형태이다. 자발적인 시민참여를 통해서 여론이 형성되는 것을 강조하고 그 결과가 정책에 반영된다. 동시에 제도권의 주민의회 내부에서도 토론과 심의와 숙의가 이루어지는 것을 필요로 한다.

전자통신기술과 인터넷망의 발달을 계기로 주민의 의견 공론화를 촉진하는 정치토론과 정치참여가 매스 미디어를 통해서 직접적으로 이루어질 수 있다. 정치현실의 시공이 현실적으로 많은 제약이 있기 때문에 매스 미디어를 이용하여 주민이 정치과정에 직접 참여하는 것이다. 더욱이 정당의 역할이 쇠퇴하고 정치인이나 정치제도에 대한 불신이 팽배해지면 전자(원격, 사이버)민주주의에 대한 기대는 더 강조될 것이다. 즉 여론을 수렴한다거나 선거 캠페인이나 홍보 및 온라인 투표를 할 수도 있다. 결국 주민의 의사를 공론화하여 이를 정책결정에 건의할 수 있다.

그러나 사이버공간이 대개 일정 세력에 의해서 독점되는 경향과 전자감시, 정보독재, 정보 불균형 또는 대중의 인기에 영합하는 사이버 포퓰리즘에 빠지는 등의 역기능 문제를 해결하도록 노력해야 한다.

참여민주주의와 풀뿌리 민주주의를 통해서 직접민주주의를 발전시키려는 현대적 관점들도 결국 제왕적 권력체제가 일상화되어 있거나 편향된 정치관이 팽배해 있어 여야정치판도가 기울어진 운동장이라는 정치문화 구조하에서는 심의(숙의)나 매스 미디어를 통한 주민민주정치의식의 공론화나 토론이 사상누각이 될 수도 있다.

3. 지방자치와 정치문화

한국 지방자치 문화는 중앙정치문화의 영향을 많이 받고 있다. 한국정치문화의 연고주의적(緣故主義的) 성향과 상대적 저항주의적(抵抗主義的) 성향 및 전근대적인 권위주의적 획일성 그리고 소극적 참여성 정치문화가 지방정치에도 크게 영향을 미치고 있다. 한국정치문화의 함의가 지방정치에 어떻게 투영되고 있는가가 한국지방자치를 이해하고 이를 발전시키는 데 도움이 될 것이다.

1) 정치문화론(政治文化論)

문화란 첫째 일상생활을 해나가는 데 사용하는 의미체계이자, 인간이 어떻게 집단을 구성하고 그들이 어떻게 행동할지에 관해 중요한 영향을 주는 사회의 근간이고 정치의 바로미터이다. 정치문화란 정치세계에서 볼 수 있는 이념, 기구, 관습 등의 역할에 대해서 그 정치체제의 구성원이 가진 성향이 보여주는 전반적인 유형(pattern)을 말한다.[16] 파이(L. W. Pye)는 보다 구체적으로 정치문화는 "정치과정에 질서와 의미를 제공하며, 정치체계 내에서 행동을 지배하는 기본적인 원리와 규율을 제공하는 태도, 신념과 감정의 집합"[17]이라고 정의하고 있다. 정치문화는 정치적정체성(政治的政體性, political identity)이고 사회구성원이 갖고 있는 사회집단의 정치적 기분(mood), 태도, 사기(morale) 및 약속(commitment)이다. 즉 정치적정향성(政治的定向性, political orientation)이다.

정치문화론은 인간의 행위를 심리적, 성향적 접근방법에 의해서 분석하는 체계화된 이론이다. 이는 인간의 정치적 태도와 행동에 대한 원인을 규명하고 다양한 정치적 태도와 행동 간의 차이점을 분석한다. 이때 태도에는 의견, 신념, 이념, 가치관이 포함되며, 정치문화론은 바로 이 태도 등과 정치행동 간의 관계를 연구한다.[18]

2) 알몬드와 바버의 시민정치문화론(civic culture)

국가 간의 정치문화를 연구한 알몬드와 바버의 시민문화론은 한국의 정치문화의 특징을 이해하는 데 도움 될 것이다. 이들은 정치문화가 국민이 정치체계와의 관계 속에서 경험하는 심리적 정향(orientation)인 인지(cognitive), 감정(affective), 평가(evaluative)와 관련성이 있다고 본다.[19] 이들은 각국의 정치문화를 향리형(parochial), 신민형(subject), 참여형(particaipant)으로 구분한다.

향리형은 인지적 정향은 있지만 감정적, 평가적 정향은 부정적이거나 불확실하여 변화에 대한 기대가 없다. 신민형은 국민이 정치사회시스템에 대한 영향을 미칠 수 없기 때문에 복종적이고 전문화된 정부의 권위에 복종적이라 평가적 정향이 매우 수동적이다. 반면에 참여형은 투입과 산출에 대한 이해도가 높고 자신의 역할에 긍정적이며 정치참여도가 높은 현대적인 인지영역이 넓다. 한국의 경우는 세 형태가 중복되어 있다고 볼 수 있다. 한국에 상존하는 지협적인 향리정치문화형과 신민형의 잔재는 전통적 권위에 복종성이 있지만, 근대(東學農民革命) 이후에는 시민적 참여도가 높아졌다. 그러나 지방자치제가 발전하려면 현대적 참여형 정치문화로 발전해야 할 것이다.

3) 정치문화와 정치사회화(political socialization)

정치문화와 밀접하게 관계되어있는 접근법이 정치사회화(政治社會化)이다.[20] 이는 올바른 정치문화를 형성하기 위해서 정치사회화가 필요한 소이연이다. 정치사회화란 개인이 그 자신이 소속되어 있는 정치사회권의 정치참여문화를 익혀가는 과정이다. 특히 지방자치단체의 올바른 정치참여문화를 형성하기 위해서 적극적인 지역주민에 대한 정치사회화가 필요하다. 정치사회화는 가정, 지역학교, 지역사회단체, 특히 주민들 간의 동료집단(peer group)과 지역 매스 미디어 등을 통해서 입체적으로 이루어져야 한다.

4) 정치문화에 대한 실체적 함의

위에서 본 바와 같이 국민이 정치체제에 대해서 갖는 정치적 정향에는 인지적 정향, 감정적 정향, 평가적 정향이 있다. 인지적 차원은 정치체제와 그 역할, 역할 담당자 및 그 투입과 산출에 대한 지식과 신념을 말한다. 민주체제에서 구성원은 정치체제가 어떻게 작용하고 있는가? 이념은 무엇인가? 지도적 인물은 누구인가? 정책의 현 과제는 무엇이고 어떻게 정책이 수립되어있는가에 대해서 비교적 많은 지식을 가지고 있다. 감정적 차원은 정치체제와 그 역할 인사 및 업무수행에 대한 느낌을 말한다, 이는 정서적 태도를 말한다. 개인은 정치체제에 대해서 적의나 거부의 감정을 가질 수 있다. 개인에게 과하는 정부의 요구에 대해서 긍정적 반응 또는 부정적 반응을 나타낼 수 있다. 부정적 반응에 대해서 포용할 수 있는 법칙(rule of game)의 정치문화가 바람직하다. 평가적 차원이란 정치적 현상에 대한 개인적 판단과 의견을 말한다. 개인은 도덕적 판단을 할 수 있다. 이는 정치적 가치와 신념의 표출이다. 그렇기 때문에 민주사회에서는 정치지도자는 법적인 책무뿐만 아니라 도덕적 책무를 지는 것이다. 이상의 세 차원은 독단적으로 존재하는 것이 아니라 상호관계 속에서 존재한다. 한국인의 정치적 정향은 한국정치체제에 대한 인지적, 감정적, 평가적 차원을 일컫는다.[21] 이는 곧 지방자치제에도 그대로 적용될 수 있다.

제2절 자치권의 특성

자치권이란 지방자치단체가 소관 사무를 자율적(自律的)으로 처리할 수 있는 포괄적인 권리와 능력을 말한다. 자치권에 대해서는 과제에 따른 분류와 내용에 따른 분류로 나누어 입체적으로 설명한다. 먼저 하혜수의 자치권이 가진 과제를 중심으로 자치권의 특성을 분류한다. 다음으로 정일섭의 권한에 따른 자치권 분류에 따라 큰 틀에서 자치입법권, 자치행정권, 자치사법권으로 설명하고자 한다.

1. 자치권의 속성

지방자치단체의 자치권은 법률로 정해지기 때문에 그 권한은 국가권한에 종속되지만, 시대와 지역적 상황에 따라서 국가로부터 일정한 자주성을 갖고 있으며, 자치권은 자치단체 관할 구역의 주민과 물건에 대해서 포괄적으로 행사될 수 있다.

2. 자치권의 내용

1) 과제를 중심으로 본 내용

하혜수가 분석하고 있는 자치권의 과제를 중심으로 자치권의 내용을 추론하면 행정적 지방분권, 정치적 지방분권, 주민분권, 재정적 지방분권, 법률적 지방분권, 자치역량으로 분석할 수도 있다.[22] 이에 따른 자치권의 내용을 간단히 정리하면 다음과 같다. ( ) 안의 내용은 하혜수가 분석 정리한 자치권의 과제이지만 자치권의 진행 상황에서 보면 자치권의 구체적인 실행 내용이기도 하다.

〈자치권의 실행 내용〉

· 행정적 지방분권: 사무이양(기관위임사무, 중앙-지방 사무재배정 등), 조직인사(지방
  인사제도의 자율성과 투명성), 자치권 강화(교육자치제개선, 자치경찰제 도입, 특행
  기관 정비 등)
· 정치적 지방분권: 대표선출(지방의정활동 활성화 및 책임성, 지방선거제도 개선 등),
  국정참여(중앙-지방협력기구 설치)
· 주민분권: 주민결정(주민투표제, 주민소환제, 조례주민직접발안제 등), 주민참여(자
  원봉사활동 장려 · 지원, 주민감사청구 요건 강화 등), 협치(시민사회기반 강화, 주민
  참여 예산 제도 확대 등)
· 재정적 지방분권: 지방세(지방세정제도 개선, 구세와 지방세 합리적 조정, 고향사랑
  기부제 도입 등), 재정조정(지방교부세 제도 개선, 국고보조사업 개편, 지방재정의 자
  율성 제고 등), 재정책임(지방재정의 건전성, 투명성 제고, 지방재정 정보공개 및 접근
  성 확대 등)
· 법률적 지방분권: 자치입법(자치입법권 확대, 자치분권법령 사전협의제 도입 등)
· 자치역량: 내부역량(내부혁신과 공무원 역량강화, 지방정부 평가제도 개선, 지방공무
  원 전문성 강화, 지방공무원 인사교류 확대, 자치분권형 평가체제 구축 등), 외부역량
  (지자체간 행정협력 체제 정비, 자치단체 간 협력활성화 지원책 마련 등)

2) 자치권의 권한을 중심으로 본 내용

자치권의 내용을 정일섭의 분류에 따르면 세부적으로 자치입법권, 자치
조직권, 자치행정권, 자치재정권, 자치사법권이 있다.[23]

가. 자치입법권

헌법 규정에 의거하면 "지방자치단체는 주민의 복리에 관한 사무를 처리
하고 재산을 관리하며, 법령의 범위 안에서 자치에 관한 규정을 제정할 수
있다."(헌법 제8장, 제117조 1항)라고 규정하고 있으며, 지방자치법에서는
"주민의 권리 제한 또는 의무부과에 관한 사항이나 벌칙을 정할 때에는 법
률의 위임이 있어야 한다."(제15조 단서)라고 규정하고 있어서, 헌법의 규

정이 지방자치법에 의해서 축소되고 있다고 볼 수 있다. 〈지방자치법〉 제
22조에서는 "지방자치단체는 법령의 범위 안에서 그 사무에 관하여 조례
(條例)를 정할 수 있다."라고 규정하고 규칙(規則)에 대해서는 지방자치법
제23조에서 "지방자치단체장은 법령·조례가 위임한 범위 안에서 그 사무
에 관하여 규칙을 정할 수 있다"라고 규정하고 있다. 지방자치단체는 〈지
방자치법〉의 규정에 따라서 자치입법권으로서 조례제정권과 규칙제정권
이 있다.[24]

〈자치입법권의 역사적 추세〉

· 제1기 이승만·장면 정부(1948-1961): 1949년 8월 15일에 처음으로 자방자치법이 제정
되었다. "지방의 행정을 국가의 감독하에 지방주민의 자치로 행하게 함으로써 대한민
국의 민주적 발전을 기한다(지방자치법 제1조)." – 민주성 강조
· 제2기 박정희·전두환 정부(1962-1988): 1961년 9월 1일부터 시행된 〈지방자치에 관한
임시조치권〉에 의해서 "혁명과업을 조속히 성취하기 위하여 지방자치행정을 더욱 능
률화하고 정상화함으로써 지방자치행정의 건전한 토대를 마련하기 위한다." – 능률성
강조
· 제3기 노태우 정부에서 2002년까지(1988-2002): 1988년 4월 6일 지방자치법을 전면 개
정하여 "지방자치행정의 민주성과 능률성을 도모하며 지방자치단체의 건전한 발전을
기한다(지방자치법 제1조)." – 민주성과 능률성을 강조.
· 제4기 2002년에서 현재까지(2002-현재): 1989년 12월 30일 지방자치법을 개정하여 "지
방의 균형발전과 대한민국의 민주적 발전"을 목적으로 하고 있다. – 지방균형발전과
민주성 강조.

---

① 조례(條例)제정권

조례는 지방자치단체가 법령의 범위 안에서 그 권한에 속하는 사무에 대
해 지방의회의 의결로서 제정하는 규범이다(자방자치법 제22조와 제39조
1항 1조 참조). 여기서 말하는 "법령의 범위 안에서"란 "법령에 위반되지 않

는 범위 안"을 의미한다. 지방자치법 제22조에 의해서 주민의 권리 제한 또는 의무 부과에 관한 사항이나 벌칙을 정할 때는 법률의 위임이 있어야 한다. 한편 지방자치법 제24조에 의해서 시·군 및 자치구(기초자치단체)의 조례나 규칙은 시·도(상급자치단체)의 조례나 규칙에 위반해서는 안 된다. 조례는 "소관사무"에 대해서 정하는 규범이기 때문에 "그 관할 구역 안의 자치사무와 법령에 의해서 지방자치단체 속하는 사무를 처리한다. 즉 지방자치법 제9조 1항의 자치사무(고유사무: 제9조 2항의 6개 분야 57개 소관사무)와 단체 위임사무를 처리한다. 제10조에 의거하여 지방자치단체의 종류별 사무배분 기준에 따라서 조례를 제정한다. 그러나 국가사무(제11조)와 지방자치단체장이 중앙정부의 일선기관의 지위에서 처리하는 기관위임사무에 대해서는 조례를 제정할 수 없다. 다른 면에서 지방분권 및 지방행정체제 개편에 관한 특별법 제14조 1항은 국가는 지방자치단체의 자치입법권을 강화하기 위해서 조례제정 범위를 확대하는 등 필요한 조치를 해야 한다고 규정하고 있다.

② 규칙(規則)제정권

지방자치법 제23조에서 지방자치단체장이 법령 또는 조례가 위임한 범위 안에서 그 권한에 속하는 사무에 관해 정하는 규범을 말한다. 이때의 사무는 고유사무와 단체위임사무 그리고 기관위임사무를 포함한다. 집행기관에 위임된 사무는 지방의회의 조례로 제정할 수 없고 반드시 규칙으로 정해야 한다.

조례규정 지정사항 및 의회 전속사항은 규칙을 정할 수 없고, 규칙으로는 벌칙을 정할 수 없다. 규칙이 위법하거나 현저히 부당하다고 인정될 때

감독기관을 시정을 명하고, 그 기간 내에 이행하지 않은 경우는 취소하거나 정지할 수 있다(제169조 1항). 조례와 규칙의 내용이 상호 모순되거나, 조례가 세부 사항을 규칙으로 정하도록 위임한 경우에는 조례의 효력이 우월하다.

나. 자치조직권

자치조직권은 지방자치단체가 자기 사무를 처리하는 데 필요한 조직을 자주적으로 정할 수 있는 권리를 의미한다. 그러나 집권화가 강하고 분권화가 약하기 때문에 전국적인 통일을 유지해야 한다는 이유로 조직에 관한 조례는 법령에 의하거나, 감독기관의 승인을 얻거나, 협의를 거치도록 하는 경우가 많다. 자치조직권은 대통령령인 〈지방자치단체의 행정기구와 정원기준 등에 관한 규정〉에 의해서 많은 제한을 받고 있다. 조례만으로 규정할 수 있는 사항과 대통령령이 정하는 바에 의해서 조례로 정할 수 있는 사항이 있다.[25]

지방자치단체장은 조례 또는 규칙이 정하는 바에 의해 권한에 속하는 사무의 일부를 보조기관, 소속행정기관 또는 하부기관에 위임할 수 있고(제104조 1항) 관할지방단체나 공공단체 또는 사무소 출장소에 위임 또는 위탁할 수 있다(제104조 2항). 또한 주민의 권리와 의무에 직접 관련이 업는 사무는 법인, 단체 또는 그 기관이나 개인에게 위탁할 수 있다. 지방자치단체장은 직원에 대한 임면, 교육훈련, 복무, 징계 등에 관한 권한(제105조)과 지방의회의 의결과 감독기관의 승인 및 지방의회에 의견 청취에 관한 권한(제159조와 제4조 2항 참조)이 있다.

다. 자치행정권

지방자치단체가 자기 사무를 자주적으로 처리할 수 있는 권리를 가진다(헌법 제117조 1항, 지방자치법 제9조 1항과 제103조 참조). 자치행정권은 지방자치법, 지방공무원법, 주민등록법, 국민기초생활보장법 또는 그 시행령 등에 사무 처리의 기준과 절차에 구체적으로 규정하고 있다. 지방자치법에서는 자치단체장의 위법, 부당한 명령처분에 대한 시정명령권과 취소, 정지권(제169조) 및 자치사무에 대한 행정자치부장관, 또는 시·도지사의 자치사무에 대한 감사권(제171조 2항)을 규정하고 있다.

라. 자치재정권

지방자치단체가 자기 사무를 처리 수행하는 데 필요한 경비를 자주적으로 조달하고 관리하는 권리를 의미한다(헌법 제117조 2항, 지방자치법 제135-138조 참조). 지방자치단체는 법률이 정하는 바에 따라서(조세법률주의) 지방세를 부과·징수할 수 있다. 즉, 스스로 세목을 개발하여 일정한 세율에 따른 지방세를 부과할 수 있고(제135조), 필요시 지방자치단체장과 지방자치단체 조합의 장은 필요한 절차를 거쳐 지방채(地方債)를 발행할 수도 있다(지방재정법 제11조 2항, 3항, 4항 참조). 지방재정의 건전한 운용과 지방자치단체 간 균형을 확보하기 위해서 필요한 회계연도별 지방자치단체 예선편성 기준은 행정자치부령으로 정하고, 훈령형식으로 예산편성 운영기준을 정하고 있다(지방재정법 제38조 2항 참조).

마. 자치계획권

자치계획권이란 지방자치단체가 그 사무를 수행하기 위해서 구속력 있는 계획을 수립하고 상위계획에 참여할 수 있는 권리를 말한다(국토의 계획 및 이용에 관한 법률 제16조 1항, 제22조 1항 참조).

바. 자치사법권

대개 영미를 제외한 나라에서는 자치사법권(치안판사제도나 자치법원 설치 등)이 자치권에 속하지 않는다.

3. 지방자치와 로컬 거버넌스(local governance)

요즘 지방정부의 왜소화와 제도 미비로 인해서 지방자치에 대한 보완을 위한 논의의 등장과 함께, 중앙과 지방 간의 역할분담의 필요성과 기초지방자치단체의 활성화라는 관점에서 로컬 거버넌스 체제로의 전환을 요구하는 의견이 나오고 있다.[26] 결국 중앙의존에서 벗어나 자립하려는 지역 차원의 새로운 각성으로도 거버넌스(협치)가 필요하다는 것이다.[27]

오늘날 현실적인 정치영역에서는 지방자치의 강화를 위한 전제조건으로 지방분권과 지방정치의 활성화를 위한 제도개혁에 큰 관심을 보이고 있다. 각 지자체의 역량과 비전으로 경제발전과 지역민의 삶의 질을 제고할 수 있는 지방 차원에서 거버넌스에 대한 학술적·정책적 연구가 활발하게 이루어지고 있다.[28] 이는 "지방정부와 지역기업, 학계, NGO, 언론 등 지역사회 구성인자가 협력적 네트워크를 구축"[29]하자는 데에 있다.

특히 지방정부와 자방의회의 역량을 제고하기 위한 방안들과 지역주민들의 참여하는 지방정치와 행정을 위한 개혁방안들이 모색될 수 있다. 또한 중앙정부와 지방정부간의 협력을 위한 방안이 연구될 수 있다. 전 국민에게 지역에 관계 없이 주거, 교육, 의료, 문화 등의 영역에서 균등한 삶의 환경을 제공하기 위한 제도적, 정책적 차원에서의 변화가 필요하다. 그러나 현실에서는 지방정치의 중앙정치에의 종속성, 수도권 집중과 수도권-비수도권 간의 격차, 지역별 불균형 등 해결해야 할 문제들이 여전히 존재한다.

제2장 한국 지방자치제의 함의

본 장에서는 한국의 지방자치제가 현장에서 어떻게 전개되어 왔으며 현재는 어떤 원리에 의해서 어떻게 이루어지고 있는지를 살펴보려고 한다. 한국 지방자치제는 한국인의 정치적 성향에 따라서 일찍이 조선에서도 일정 지역에 파견된 지방관에 의해서 지역의 환경에 맞는 향약을 제정하여 지역민의 권익을 보호하고 지역공동체 의식을 고취시켰다. 현대 지방자치제는 헌법과 법률과 지방조례에 따라서 다양하게 전개-발전되었으며 최근에는 교육과 경찰 자치제도 도입되었다.

한국의 지방자치의 원류는 조선조의 향약(鄕約)과 동학농민혁명의 집강소(執綱所)[30] 설치에서 찾아볼 수 있다. 현대적 풀뿌리 민주주의에 입각한 지방자치제 도입과 그 전개과정은 파란만장(波瀾萬丈)하다. 1949년 7월 4일 지방자치법이 제정된 이래, 1961년 군사쿠데타로 지방의원 해산, 1991년 지방의원 선출을 시작으로 1995년 지방의원과 지방단체장을 주민이 직접선거를 통해서 선출, 2004년 주민투표법이 제정되어 주민조례제정개폐청구, 주민감사청구 및 주민소환제도 등 주민참정제도가 확대되었다. 그러나 중앙정치의 비대화, 관료제도의 극성, 중앙정치인의 주도적 정치문화와 부응하여 주민의 자발적 참여가 부족한 한계로 인해서 지방자치가 정체되어 있는 형편이다.

제1절 한국 지방자치제의 지향점

전통적인 한국인의 정치적 성향을 반성적으로 고찰하고 한국 현대 사회에 부응하는 지방자치제의 원류와 현대 지방자치제의 변혁을 고찰한다. 한국인의 정치적 성향은 연고중심의 정의주의(지연, 혈연, 학연, 요즘은 종교의 연까지 등장)로 인해서 분파성이 생기고, 상대적인 저항성으로 민주를 빙자한 반민주적이거나 비민주적인 시위문화가 정착되었다. 여기다가 전근대적인 권위주의로 인해서 획일적이며 관료주의에 빠지고 소극적인 참여의식에 의해서 숙명론에 젖어 지속적인 발전이 저해되는 경우가 허다하다. 이러한 경향성이 지방자치의 정치적 환경에도 그대로 반영되고 있다.

1. 한국인의 정치적 성향[1]: 지방정치 실현을 위한 반성적 성찰

한국인의 정치적 성향에 대한 반성적 성찰을 통하여 지방자치에서 현시적으로 실행해야 할 가치를 설정함으로써 바람직한 한국인의 지방자치의 지향점을 탐색하고자 한다. 이는 바로 한국 지방자치가 성공하기 위한 지역주민의 정신적 가치관을 정립하는 전제가 될 수 있을 것이다.

1) 연고중심의 정의주의(情誼主義): 분파성(分派性)으로 변질

서구사회의 사회결합이 계약정신에 입각하고 있다면, 동양의 사회유지기능은 일반적으로 정적(精的) 결합에 있다. 한국의 정치문화도 혈연중심의 인간관계가 종적·횡적으로 대인관계, 대사회관계, 대국가관계에 깊숙이 형성되어 있다. 이러한 행동양식이 학연, 지연, 군대연 내지 종교연 등과 결합하여 지나친 연고중심의 정의주의를 낳고 있다. 과도한 정의주의는 소집단 내에서도 편향적인 협동심을 전제로 파벌주의, 족벌주의를 가져왔다.

이는 배타적 출세주의와 국지적 폐쇄성을 불러일으켜 국민이 만들어낸 정치적, 사회적, 경제적 과실까지도 편중시키는 국민의식을 조장하였다. 남북의 분단 상황에서도 국토개발이라는 이름으로 지역편향의 경제개발에 집중하고 이념대결의 진보와 보수로 편가르기를 하고 동서진영으로 나누어 권력정쟁을 일삼아오고 있다. 망국의 분파성이라고 개탄하면서도 민주 대 비민주의 프리미엄으로 때로는 운동권과 비운동권의 잣대까지 들어대면서 관료의 독과점을 이루는 상황에까지 이르렀다. 이런 정치문화는 지방자치단체까지 영향을 미쳐서 지역주민의 참여민주주의, 풀뿌리 민주주의까지 위협하고 있다.

2) 상대적 저항주의: 민주적 시위문화 정립

우리 민족은 민족 주체(서술 주체와 역사실천 주체 포함)에 도전해오는 국내외 세력에 대해서는 민족 주체를 보존하기 위해서 저항해 왔다. 민족 주체성 보존을 위해서 역사적 상황에 따라서 대외적으로는 사대교린정책(事大交隣政策)과 의병운동, 독립운동 등으로 맞서고 대내관계에 대해서는 민란, 혁명, 또는 애국개몽 운동 및 문화 창조 등으로 동태화했다.

우리 민족은 민족적 주체가 정당하게 대접받아야 할 상황에서 공평한 대접을 받지 못할 때, 또는 가치기대에 대한 존재적 불만이 있을 때, 불평등한 대접을 만들어내는 대상에 대해서 그때마다 그 상황에 알맞은 상대적 저항을 해오고 있다. 이는 파사현정(破邪顯正)의 정의의식과 부정부패에 대한 부정적 태도의 내재적 민족가치관의 표출이다. 때로는 구체적으로 대내적

불의에 대한 간쟁(諫爭)과 언론수호, 부정부패에 대한 대중적 저항으로 나타난다.

현대에 와서는 헌법전문에서 국민의 저항권(抵抗權)을 보장하고 있다. 저항권은 국민의 기본적 자유권에 속한다, 지방자치단체가 민주적으로 운영되고 주민의 자유권이 실질적으로 보장되기 위해서는 지역주민의 상대적 저항권이 보존되어야 한다.

3) 전근대적 권위주의-획일성, 권위성, 관료성(官僚性)

정치지도자와 국민과의 관계가 타협과 관용과 책임정치로 연계되어 있을 때 우리는 민주정치라 생각한다. 정치과정이 타협하고 관용으로 권유하고 설득하고 교섭하기보다 설복(說服)시키고 협박하는 행태가 성행하면 정치활동도 파벌적이고 맹목성을 띠게 된다. 이에 따라서 파생하는 것이 국민의 정치에 대한 무행동성과 무관심과 불참여가 정치문화로 자리 잡게 된다.

군주주권설에 맛을 들인 전근대적 절대군주는 자기의 의도에 맞는 정치과정을 설정하고 지배구조를 일방적으로 동원하여 백성의 복종에 근거하여 전체권력(total power)을 행사하게 된다. 지배체제는 절대적 권위체제가 되고 백성은 신민화 되어 안타깝게도 지배자의 소위 덕치에 의무적으로 만족하고 지배자의 민정사찰에 기대를 걸게 된다. 그 결과 피지배 계층의 무저항과 무비판이 미덕으로 자리 잡게 된다.

권위적 지배와 복종이 팽배한 권위주의적 지배체제 하에서는 획일주의(monism)적 속성이 성장하게 된다. 다원적이고 다양한 주민의 견해와 건의가 무시되고 지배자의 단선적 가치관만 주입된다. 결국 인간의 가치중립성이 배제되고 흑백 논리로 인해서 비생산적인 정쟁을 하기 때문에 정치사회가 불안해지고 관료적 대규모 조직이 카리스마적 조직을 형성함으로써 관료제의 병리현상이 일반화 된다.[32]

이러한 전근대적인 권위주의적 경향이 한국의 현대 민주헌법 하에서도 서슴없이 나타나고 있다. 한국의 정치사회는, 일본제국주의 잔영, 군부독재 체제의 탐닉 그리고 민주화 과정을 과도하게 과점하고 있는 권력 독과점적 현상이 산업화와 민주화라는 명분으로 포장된 제왕적 지배구조와 이에 부수되어 있는 권력구조에 익숙한 관료층과 오랫동안 축적된 국민의 정치 무관심 및 혐오증과 만나 무소불위로 전개되고 있다. 권위주의자는 규칙준수를 강요하기 때문에 국민은 결국 규칙준수적 관심에 빠져 형식주의, 의식주의(儀式主義), 무책임적 비민주주의를 낳아 목표달성이 어렵게 된다. 권위적 의사결정기관은 권위적 엘리트즘에 빠지고 관료엘리트는 기술의 독점과 권력의 독점적 지배를 하게 된다. 이런 와중에 서민의 고충만 깊어가고 있다. 이러한 서민의 고충을 풀어가기 위해서도 지방자치제도가 하루속히 제자리를 잡아야 한다. 참여민주주의, 풀뿌리 민주주의, 주민민주주의, 동네민주주의가 성숙하게 발전해야 한다.

4) 소극적인 참여주의: 숙명론

소위 해방-미군정-분단-한국전쟁, 군부세력 국정 농락과 험난한 민주화 과정을 거치면서 9차례에 걸친 개헌에 따른 변화무쌍한 정치환경의 변화는 정치에 대한 국민의 관심을 무디어지게 하여 국민이 정치에 소극적인 참여인식을 가지게 했다. 이 틈을 이용한 정치세력은 끝없는 갈등과 대립을 양산하고 정당이라는 이름으로 파벌적 패거리 정쟁을 지속적으로 이어

오고 있다.

결국 소극적인 정치참여의식은 국민을 숙명론에 빠지게 하였고, 과도기의 정치의식을 형성시키고 현실정치로부터 주권자인 국민을 소외시켰다. 국민은 숙명론과 소외감에 빠짐으로써 국민의 정치의식은 불안정해지고, 정치적 긴장감이 고조되고 결국은 정치 무관심자가 되어버린다. 이런 구조적 악순환으로부터 정치과정과 결과가 타협과 조화를 이루기 위해서는 정치제도의 투입기능과 산출기능에 대해서 국민의 관심을 높이고 대화의 기능을 활성화하는 작업이 선행되어야 한다.

국민이 정치체제에 대한 투입기능을 인식하고 있으면서도 투입기능이 희생당하는 것은 국민의 성숙한 민도와도 관계가 있지만, 국민 각자가 오랫동안 자기도 모르는 사이에 패거리 정치에 발을 담그고 그에 순응하게 만드는 정치권력자들의 의도적인 정치행태에도 큰 문제가 있다. 국민의 자각과 함께 치자(治者)와의 상시 대화가 가능한 제도적 장치가 다듬어져야 한다. 이와 함께 국민의 보편타당한 공론이 정치체제에 투입-재투입될 수 있는 장치가 만들어지고, 이것이 보장될 때 국민의 정치적 무관심과 정치적 소외감이 해소될 수 있을 것이다. 이러한 일련의 정치과정이 실질적으로 이루어질 수 있는 단초가 지방자치단체의 생활정치를 통해서 보다 실감나게 이루어질 수 있다.

2. 한국 지방자치제의 원류를 찾아서

현대 풀뿌리 민주주의의 내용으로서의 근대적 성격은 아니지만, 한국역사에 등장하는 지방자치 규약으로서 향약(鄕約)과 한국 근대사의 출발이라고 할 수 있는 동학농민혁명의 산물로 설치·운영된 민정기관인 집강소(執綱所)를 간략하게 소개하고자 한다.

1) 퇴계 이황의 예안향약과 율곡 이이의 서원향약 및 해주향약

조선조에 이웃(지역주민) 간에 사이좋게 지낼 수 있도록 자치적인 규약을 만들어 시행하는 체제(體制, system)가 있었다. 이러한 규약체제에는 향약(鄕約), 동약(洞約), 계(契), 두레, 동제(洞祭) 등이 있었다. 이런 규약체제 중에서 지역의 안정과 발전을 도모하기 위해서 적극적으로 실천했던 대표적인 것이 향약이다.

향약은 조선조 중종 때 조광조가 처음 실시한 이래 전국적으로 확산되었다. 대표적인 것으로 퇴계 이황의 예안향약(禮安鄕約)[33], 이이 율곡의 서원향약(西原鄕約)[34], 해주향약(海州鄕約)[35] 등이 있다. 율곡은 양민에 따르지 않는 조급한 향약보급을 반대하고, 사창법(社倉法)[36]을 향약과 연결시키는 등 민생문제를 먼저 크게 배려하였다.[37] 향약은 군현(郡縣)을 중심으로 양반들이 향촌을 자치적으로 다스리는 수단이었다. 향약을 통해서 같은 지역 사람들은 공동체의식을 함양할 수 있었고 지역사회에서 발생하는 문제들을 스스로 예방하고 해결하였다.

2) 집강소 정치운영[38]

1894년 백성을 괴롭히는 부패한 봉건관료들의 착취를 척결하고, 호시탐탐 조선조를 노리는 일본과 서양세력을 물리치려는 척양척왜(斥洋斥倭)의 기치로, 널리 백성을 구제하고 평안하게 하려는 광제창생(廣濟蒼生)을 기반으로 국가를 튼튼하게 보위하여 국민을 편안하게 하려는 보국안민(輔國

安民)의 의기를 들고 일어선 동학농민혁명(東學農民革命)은 한국 근대사의 초석이다. 동학농민혁명군은 전라도에 집강소를 설치하고 12개항에 달하는 전주화약을 맺었다.

가. 근대정신에 입각한 전주화약

동학농민혁명군은 전라도 수부(首府)인 전주성을 함락시킨 후 외군(일본군과 청나라 군대)의 철병을 기약하고 관군과 협약을 맺게 된다. 이른바 전주화약(全州和約)이다. 그 내용을 보면, 동학교도와 정부 간의 협력, 탐관오리의 숙청, 횡포한 부호 척결, 불량한 유림과 양반척결, 노비문서 소각, 7종 천인의 대우개선, 과부재가 허용, 무명잡세 폐지, 인재 등용, 문벌타파, 왜와 간통한 자 엄벌, 공사채 면제, 토지균작 등이다. 이를 보면 주권자로서의 농민(市民)을 주축으로 근대국가의 이념을 제도화하려고 시도한 한국사 최초로 등장하는 근대 시민국가 탄생의 신호탄이었다.

나. 집강소 설치운영

농학농민혁명군이 직접 집강소(執綱所)를 설치하여 행정에 참여하게 된다. 집강소는 전라도 각 고을(邑과 州)의 관아에 설치된 민정기관이다. 전주에는 집강소의 총본부인 대도소(大都所)가 설치되었다. 집강소는 전라도 53개 주와 읍에 설치되었고, 동학교도가 고을의 집강(執綱)이 되어 각 지역의 치안질서와 지방행정을 담당하였다.[39] 각 집강소에서는 여러 현안을 접주(接主)들이 모여 회의를 통해서 결정하고, 집강소에서 해결할 수 없는 사항은 감영(監營)에 보고하여 폐정개혁안을 처리했다.[40]

집강소는 동학농민혁명군이 설치한 자치적 개혁기구로서 한 명의 집강과 서기, 성찰(省察), 집사(執事), 동몽(童蒙) 등의 임원이 행정사무를 맡았다.

동학농민혁명군의 집강소 설치와 유지는 비록 짧은 기간이지만[41] 동학농민혁명의 성공적인 혁명과정이었고 한국지방자치와 민주주의의 효시가 되었다.[42]

3. 한국 지방자치 제도의 변혁사

지방자치법은 1949년 7월 4일 공포된 이래 정권이 교체될 때마다 개정/재개정되고 시대상을 반영하면서 오늘에 이르고 있다. 이승만 자유당 정권의 장기집권 목적과 박정희 군사쿠데타 정부에 의해서 파행이 지속되기도 했다. 정일섭은 대한민국의 지방자치 역사를 초창기(1949-1961), 정지기(1961-1991), 부활기(1991-현재)로 나누어 설명하고 있다.[43] 이 기준에 따라서 각 시기의 특징을 약술하고자 한다.

1) 초창기

1949년 7월 4일 〈지방자치법〉이 제정되었으나 이승만 정부는 치안상태의 불안을 이유로 지방선거를 실시하지 않다가, 1952년 전쟁 와중에 피난지 임시수도 부산에서 이승만이 재집권을 위한 외곽 지지를 얻기 위해서 지방선거를 실시한다.[44] 1956년 8월 8일 제2대 시, 읍, 면 의회선거 및 제1대 읍, 면장 선거가 실시되고, 8월 13일 제2대 도의원 선거 및 제1대 서울특별시 의원선거를 실시한다. 이승만 자유당은 1958년 장기집권 목적으로 시·읍·면장 직선제 개정을 하지만 2년 반 만에 폐지되고 4월 혁명으로 실시되지 못한다. 제2공화국 출범으로 1960년 11월 1일 지방자치법이 개정된다. 선거권자 연령이 21세에서 20세로 되고 지방단체장 선출방법이 임명제에서 직선제로 개정되었다.

2) 정리기

1961년 군사쿠데타로 전국의 지방의회가 해산된다. 1961년 6월 6일에는 서울시장 및 인구 15만 이상의 시장은 국가재건최고회의의 승인을 얻어 내각이 임명하고, 기타 지방자치단장은 도지사가 임명한다. 제3공화국 헌법에서는 헌법 부칙 제7조 3항에서 '이 헌법에 의한 최초의 지방회의 구성시기에 관하여는 법률로 정한다.'라고 했지만 법이 제정되지 못했다. 제4공화국의 유신 헌법은 부칙 제10조에서 '이 헌법에 의한 지방의회는 조국 통일이 이루어질 때까지 구성하지 아니한다.'라고 규정해버렸다. 제5공화국 헌법은 부칙 제10조에서 '이 헌법에 의한 지방의회는 지방자치단체의 재정자립도를 감안하여 순차적으로 구성하되, 그 구성 시기는 법률로 정한다.'고 규정했다.

1988년 2월에 출발한 제6공화국은 4월 6일 개정된 〈지방자치법〉에서 지방자치단체를 광역자치단체(특별시, 광역시, 도)와 기초자치단체(시, 군 및 자치구)로 구별하였다. 그 후 1990년 12월 〈지방자치법〉을 개정하여 지방의회 의원 선거는 6월 30일 이내, 단체장 선거는 1992년 6월 30일 이내에 실시하도록 규정하였다.

3) 부활기

5 · 16 군사쿠데타로 30년 동안 중단되었던 지방자치제가 부활되었다. 1991년 3월 26일 시 · 군 · 자치구에서 기초의원 선거가 실시되었고, 6월

20일 5개 직할시(直轄市)와 9개 도(道)에서 광역의원선거가 실시되었다. 1994년 12월 20일에 개정된 지방자치법에서 지방자치단체의 폐지, 분합, 주민에게 과도한 부담을 주거나 중요한 영향을 미치는 사안에 대한 주민투표제를 도입하였다.

1999년 8월 31일 지방자치법 개정에서 주민의 일정수가 단체장에게 조례 제정, 개폐 청구를 할 수 있도록 했다(지방자치법 제13조 3항). 그리고 지방자치단체와 그 장의 권한에 속하는 사무의 처리가 법령에 위반되거나 공익을 현저히 해한다고 인정되는 경우는 감사를 청구할 수 있도록 했다(지방자치법 제13조 4항). 2006년에 '제주특별자치도' 2011년에 '세종특별자치시'가 탄생하여 광역지방자치단체가 되었다. 한국 선거권 연령은 2019년 12월 공직선거법 개정안이 통과되어 만 19세에서 만 18세로 하향 조정되었다.

제2절 한국 지방자치제의 근거

한국 헌법과 법률이 규정하고 있는 지방자치제의 근거와 그 구조를 살펴보고, 교육과 경찰의 자치제를 약술하고자 한다. 헌법 제117조와 제118조에서 주민복리를 위한 지방자치제를 보장하고 이에 근거하여 각종 법률이 제정되었으며, 지방자치단체는 이에 의거한 조례를 통해서 주민자치제의 발전을 기하고 있다.

1. 대한민국 헌법과 지방자치

대한민국 헌법이 규정하고 있는 지방자치단체에 대한 내용을 탐구하여 한국의 지방자치단체는 헌법규정 사항임을 알아보고자 한다. 먼저, 지방자치단체는 헌법 제117조와 제118조에서 관련 규정을 두고 있다. 제117조 제1항 '지방자치단체는 주민의 복리에 관한 사무를 처리하고 재산을 관리하며, 법령의 범위 안에서 자치에 관한 규정을 제정할 수 있다.' 이 규정은 자치사무와 자치입법에 관한 규정이다. 제2항 '지방자치단체의 종류는 법률로 정한다.' 이에 따라서 지방자치법 제2조에서는 지방자치단체의 종류를 규정하고 있다. 제118조에서는 1항에서 지방의회의 설치를 규정하고 제2항에서는 '지방의회의 조직, 의원 선거와 지방자치단체장의 선임 방법, 기타 지방자치단체의 조직과 운영에 관한 사항은 법률로 정한다.'라고 한다. 이는 지방자치제도에 관한 실질적 보장을 위한 규정이다.

위의 제117조에서 본 바와 같이 자치입법권을 인정하지만 지방자치단체는 국법질서의 유지를 위해서 상위의 법률이나 명령의 범위를 위반하지 않도록 하고 있다. 제117조 제2항에서 지방자치단체의 종류는 법률로 정하도록 했고, 제118조 1항에서 지방의회의 설치권, 제2항에서 지방의회조직, 의원선거, 단체장 선임 방법, 기타 지방자치단체의 조직과 운영에 관해서 규정함으로써 자치조직권을 보장하고 있다. 위의 헌법 제117조 제1항에서 지방자치단체는 법령의 제약 없이 '주민의 복리에 관한 사무를 처리하고.....'라고 규정함으로써 지방자치단체는 고유사무(固有社務)를 자주적으로 처리할 수 있도록 보장하고 있다.

2. 현행 지방자치 제도

현행지방자치단체는 기초와 광역으로 구분하고 각 지방자치단체에는 주민직접선거에 의한 장(長)과 의회(議會)가 구성되는 데 공직선거법에 의해서 25세 이상의 피선거권 규정이 있고 후보자는 일정한 공탁금을 내야 한다.

현행지방자치단체는 기초와 광역지방자치단체로 구분할 수 있다. 1988년 지방자치법에 의해서 1991년 부활된 시·군·구가 기초 자치단체가 되었으며, 전국에 226개가 있다. 그 후, 지방자치법이 개정·보완되어 광역자치단체에는 광역시, 도, 서울특별시, 제주특별자치도, 세종특별자치시가 있으며 총 17개가 있다. 제주특별자치도의 제주시와 서귀포시는 의회가 없고, 시장은 지사가 임명한다. 또한 제주도만이 교육위원이 존속한다. 따라서 226만 명을 대상으로 자치제가 실시되고 있다.

1) 기초와 광역 구조: 장과 지방의원 구성

기초와 광역단체에는 1명의 장을 두고 주민 직선제이다. 지방의원은 인구비례에 준거하여 광역시·도별로 광역·지방의원을 배분하고, 광역 내에서 인구비례에 준거하여 기초단체에 지방의원을 배정하고, 광역·지방의원 정수의 10%는 정당비례대표의원을 두고 있다. 1995년 광역의원은 지역구의원과 지역구의원의 10% 정당비례대표의원을 두고 있으며, 기초 지방의원은 1991년부터 3회까지 지역구 의원만으로 구성되었으나 2006년 4대 동시선거부터는 광역의원과 마찬가지로 지역구 의원과 10% 정비례대표로 구성하도록 개정되었다.[45]

2) 지방의원 선거

주민은 선거에서 지역구에 1표, 정당비례대표에 1인 1표로서, 결국 주민 1인 2표제를 실시하고 있다. 지역구는 단순다수 득표제를 채택하고 있으며, 지역정당대표는 전국에서 5% 이상 득표한 정당 중에서 득표율에 비례해 선출된다. 그러나 정당 비례대표는 제1당에게 비례대표제의석의 3분의 2를 넘지 못하도록 제한하고 있다.

3) 지방교육자치제와 지방경찰자치제 도입[46]

2006년부터 광역시도 교육자치제가 실시되었다. 이 당시 교육자치제는 주민직선제로 교육감과 교육위원을 선출하는 방식이었다. 그러나 지방자치법이 개정되어 2010년 선거에서 교육감은 직선하고, 교육위원은 시·도의회에 편입시켜 시도의회 의회의 교육상임위원에 배속시켜 활동하게 하고 있다. 2010년 6월 선거에서 교육감 후보는 교육경력이 없어도 가능했지만, 2014년 2월 6인 교육자치법이 개정되어 교육감후보는 3년 이상의 교육경력을 요구하고 제주특별자치도를 제외하고는 교육위원을 없앴다. 따라서 2014년 6.4지방선거에서 제주특별자치도를 제외하고는 교육위원 제도가 폐지되었다.

지방경찰자치제는 2006년에 제주특별자치도에 자치경찰제도가 도입되었다. 2013년에는 지방분권특별법에 근거하여 자치경찰제가 법제화 되었으나, 현재는 전국적으로 확대되어나가고 있는 과도기의 상태이다.

4) 공직선거일(지방선거 포함)[47]

공직선거법에 의해서 공직선거일자는 법률로 규정되어 있다. 선거일은 임기만료 30일 전 다음에 오는 수요일로 되어있다. 다만 그날이 일요일이 거나 공휴일일 때는 1주일 순연된다. 국회의원과 지방자치단체의 재·보 궐 선거일은 1년에 1회 4월 첫째 수요일에 실시한다. 다만 총선과 지방 선 거일이 겹치는 년도의 재·보궐 선거의 경우 국회의원 재·보궐 선거는 지 방선거일에 그리고 지방 재·보궐선거는 국회의원 총선일에 동시에 실시 한다. 공직담당자[48]로서 선거에 입후보하려는 자는 선거일 90일 전에 공직 을 사직하여야 한다.

5) 후보와 등록[49]

광역단체장과 교육감, 기초단체장과 광역의원과 기초의원의 후보자 각 자는 후보 등록 시 관할 선거구에 60일 이상 계속 주민등록이 되어있는 사 람으로서 만 25세 이상인 자이다. 교육감은 예비후보등록 시 과거 1년 동 안 정당의 당원이 아니어야 하며 교육경력이 3년 이상이어야 한다. 공탁금 기탁제도는 후보자 난립을 막고 일부 선거비용 충당을 위해서이다. 공탁금 내역은 다음 표와 같다.

〈공탁금 기탁제도의 내역〉

선거명	기탁금액(예비후보; 20%)
광역시장 및 교육감 선거	5,000만원(1,000만원)
구청장 및 군수 선거	1,000만원(200만원)
광역단체 의원 선거	300만원(60만원)
기초단체 의원 선거	200만원(40만원)

3. 지방교육자치 제도와 지방경찰자치 제도

지방자치는 자치행정을 민주적이고 능률적으로 수행하여 지방의 균형발전을 가져오고, 한국을 민주적, 복지적으로 발전시키기 위한 제도이다(지방자치법 제1조). 지방자치행정을 더욱 발전시키기 위해서 지방교육자치제와 지방경찰자치제를 실시하고 있다.[50]

1) 지방교육자치 제도

현대교육은 피교육자 중심의 실천적 교육원칙에 따른 교육전문성과 피교육자 개개인의 인격 보장이 견지되어야 하기 때문에, 이를 실현하기 위해서는 지역특성에 따른 교육프로그램이 설계되고 교육자의 교육과정 운영에 자율성이 보장되어야 한다. 한국에는 이를 위한 헌법과 법률규정이 있지만 교육현장에서는 아직도 전근대적인 행정 권력의 자의적인 헌법과 법률 해석에 의거해서 교육이 이루어지고 있는 실정이다.

가. 헌법과 법률의 규정

헌법에서는 교육의 자주성과 전문성 및 정치적 중립성이 법률로 보장된다고 규정하고 있다(헌법 제31조 4항). 이에 따라서 교육기본법 제5조에서는 국가 및 지방자치단체는 교육의 자주성 및 전문성을 보장하고, 교육은 그 본래의 목적에 따라서 그 기능을 다하도록 운영되어야 하며, 어떠한 정치적 파당적 또는 개인적 편견의 전파를 위한 방편으로 이용되어서는 안된다고 명시하고 있다(교육기본법 제6조).

나. 교육자치의 필요성

먼저, 교육자치는 교육행정의 자주성과 정치적 중립성을 확보하기 위해서 필요하다. 교육의 자주성은 학문과 사상의 당파성을 배제하고 정치권력으로부터의 지배를 배제하여 교육의 목적과 방법이 지역주민의 의사에 의해서 결정·운영되어야 한다는 것이다. 특히 정치권력으로부터 간섭을 배제하여 교사의 중립, 교육행정의 중립을 보장할 필요가 있다.

또한, 교육은 장기적이고 지속성이 필요하다. 일반 행정의 효과가 일시적이거나 단기적인 것에 비하여 교육의 효과는 인격적이고 윤리적 속성을 가지고 장기적이고 지속적인 과정이기 때문에 교육자치가 보장되어야 한다.

교육은 전문성이 필요한 영역이다. 교육의 전문성은 교육자의 전문성뿐만 아니라 교육행정의 전문성을 필요로 한다. 우리 사회에서 교육자의 전문성 요구에 대해서는 법률적 보장에 동의하면서도 교육행정의 전문성은 소홀히 하고 있다. 그러다 보니 교육부 장관이나 교육관련 기관장은 교육 전문가가 아니라 정치적 집권세력의 권력 나누어 먹기식 편향적 요구에 천착되어 있는 것이 일반화되어 오고 있다. 그 결과 교육자치가 정치적 권력의 부속품으로 전락하고 있다.

다. 자치교육의 바람직한 실현을 위한 제안[51]

주지하는 바와 같이 교육은 이론보다는 교육현장, 교육의 실천이 중시되어야 하는 영역이다. 그렇기 때문에 자치교육이 중요한 것이다. 이를 위해서는 지역주민의 관심과 교육행정의 독립성과 현장 교육자의 자율성이 선결·보장되어야 한다.

교육자치의 교육행정은 지방분권적이어야 한다. 교육의 계획, 운영, 평가 등이 중앙정부에 의해서 획일적으로 통제될 것이 아니라 각 지역의 현실적 실정에 맞고 지역의 특성이 반영될 수 있어야 한다. 이를 위해서는 중앙에서 지방정부에 권한분산과 이양이 이루어져야 한다. 물론 이때에 국가적 차원의 교육 통일성에 대한 연구와 교육자치제의 건설적 실행이 상호충돌을 조정할 수 있는 학교, 교육자, 지역주민이 참여하는 조정위원회 같은 조정기능 기구의 운영이 필요하게 될 것이다. 기존의 학교운영위원회와 교육과정운영회의 등의 계획안에서 토의·집행할 수도 있을 것이다.

지역현장의 학교와 교육자에게 자율성이 보장되어야 한다. 지역현장에서 실제적 교육을 담당하고 있는 교장, 교감 및 주임과 담임교사에게 지역특정에 알맞은 교육내용(교육과정) 편성과 운영 및 평가 등이 가능하도록 해야 할 것이다.

지역주민의 적극적인 참여제도 마련해야 한다. 교육자치에 지역주민과 학부모들이 학교교육에 관심을 갖고 적극적으로 참여할 수 있는 제도적 장치를 마련하는 것은 현대 시민민주주의·풀뿌리 민주주의를 진일보 발전시키는 데 결정적으로 기여를 하게 될 것이다. 이때 위의 학교 현장의 교육자들과 학생 대표의 참여를 동시에 고려해 볼 수 있을 것이다. 이는 민주시민교육의 차원에서도 도움이 될 것이다.

다문화교육의 제도화가 요구된다. 한국이 이제는 다문화 사회로 진입하였다. 이에 따라서 근래에 다문화가정이 늘어나고 있다. 이런 사회변화에 제도화를 통해서 자치교육이 응답해야 한다. 다문화교육의 대상은 한국 지역주민과 한국에 이주한 외국인(한국국적 취득자, 외국인노동자 및 장단기 한국체류 외국인 포함)이다. 한국에 이주 또는 비이주 외국인은 한국 각 지역에서 지역주민과 공동체적 생활을 영유하고 있다.

우선 지역주민과 국내 거주 외국인에게는 공동으로 국제사회의 다양한 국제기구에 대한 이해 그리고 지구촌에 존재하는 다양한 다민족, 다종족사회와 그들의 문화에 대한 이해, 국제적 인권문제 및 국제적 평화문제, 기후와 환경문제의 국제적 이슈를 이해하는 다문화교육이 진행되어야 한다.

다음으로 지역거주 외국인(한국국적 취득자 포함)에게는 한국 지역에 터전을 잡았거나 잡아가고 있는 다양한 타민족 구성원에게는 다문화교육의 내용으로 한국 헌법에 대한 기초 교육과 함께 한국시민으로서 갖추어야 할 민주시민교육이 이루어짐과 동시에 지역문화, 역사와 전통에 대한 교육이 이루어져야 한다. 이와 동시에 한국지역 주민에게는 각종 지역학교와 다양한 지역주민 단체를 통해서 다른 민족과 인종의 다양한 문화를 이해하여 동시대 공동거주자라는 이해교육이 이루어져야 한다.

중앙정부의 교육자치 관여를 배제해야 한다. 자치단체에 대한 지방정부의 간섭처럼 중앙정부의 교육자치 관여가 존재한다. 예를 들면 교육감을 보조하는 부교육감 한 명이 정부에서 파견된다. 이뿐만 아니라 현재 교육감 후보는 당적을 갖지 못한다. 교육감 후보자는 선거일 1년 전에 당적을 버려야 한다. 그러나 현실은 교육감 선거에서 중앙정당은 직·간접적으로 다양하게 관여하고 있다.

라. 지방경찰자치 제도[52]

경찰은 국민의 생명과 재산을 보호하고 공공의 안녕질서를 유지하기 위해서 규제적 역할과 봉사적 역할을 담당한다. 전자는 공공의 안녕질서유지를 위해서 국민에게 명령·강제하는 법집행적인 규제적 기능이고, 후자는 국민의 생명과 재산을 보호하기 위해 행하는 방범, 교통, 경비 등과 같은 주민 생활안전을 위한 경찰서비스 기능이다.

자치경찰제란 "지방분권 사상에 따라서 지방경찰이 지방자치단체의 책임하에 지역주민의 의사에 기하여 치안업무를 자주적으로 수행하는 제도이다." 이는 경찰행정에 대한 주민의 참여를 유도하고 지역치안에 대한 경찰의 책임감을 강화하게 된다. 주민의 자유와 권리를 보호하기 위한 경찰권이 남용을 방지할 수 있는 장점이 있다. 한국은 전국적으로 국가경찰체제를 유지하고 있지만, 2006년 제주특별자치도는 자치경찰을 운영하고 있으며, 2013년 지방분권특별법을 통해서 자치경찰제가 법제화 되었다. 그동안 여야 간의 갈등과 집권여당의 당청간의 서로 다른 의견으로 자치경찰제 도입이 미루어지다가 2021년 7월부터 실시하게 됨에 따라서 각 지방자치단체는 준비를 서두르고 있다.

자치경찰은 지방자치단체장의 권한과 책임하에 치안업무를 담당한다. 지방분권의 취지에 맞게 현재 국가경찰이 맡고 있는 생활안전, 여성청소년, 교통 등을 지방자치단체가 책임진다. 지방분권과 자치 강화, 지방자치단체에 맞게 경찰서비스도 국가에서 벗어나 지방의 자치역량과 책임을 강화하고 경찰서비스에서도 주민의 참여를 높이자는 취지로 설치되었다.

자치경찰제는 아동 청소년, 여성, 노인, 장애인 등 사회적 약자에 대한 주민 밀착형 또는 참여형 경찰서비스를 제공한다. 자치경찰에 대한 인사권은 중앙정부에서 지방 시·도지사에게로 넘어간다. 경찰은 권력의 한 축에서 서비스 제공기관으로 재정립된다. 자치경찰제 내의 자치경찰위원회는 경찰청장의 지휘감독권을 가지고 담당공무원 임명, 예산, 인력, 정책의 심의를 의결할 수 있어 사실상의 자치경찰을 진두지휘하게 된다. 경찰자치위원회는 인사권까지 가지고 있어 의회 이상의 권한을 가진다. 지역정치인들에게만 추천권이 있어 앞으로 운영에 문제가 발생할 소지가 있다.

제주특별자치도에는 기획·조정을 담당하는 '자치경찰단'과 서귀포 행정시에는 집행기구성격의 '자치경찰대'를 설치운영하고 있다.[53] 제주자치경찰은 법률상의 고유사무, 국가경찰과 협약사무, 교통정보센터사무를 수행하며 제주특별자치도가 필요한 경비를 지원할 수 있다(제주특별자치도특별법 제122조 제정지원).

마. 세계 각국의 지방경찰제

① 미국의 경우

a. 기본적으로 미국은 〈연방헌법 수정 제10조〉에 의해서 경찰권이 주(州, state)에 부과하고 있다. 주에 따라서 경찰기능을 주가 직접 담당하기도 하고 또는 카운티(county)나 주 안에 있는 도시경찰(municipal)로서 시, 타운, 빌리지(city, town, viliage)에 이관하기도 한다.

b. 자치경찰 운영은 자치단체별로 다르다.

c. 자치경찰의 공식적 책임자는 단체장이며, 주에 따라서 자치경찰 기관의 장은 단체장이 임명하거나 또는 주민이 직접 선출하기도 한다. 운영은 합의제로 또는 독임제로 운영하되 포괄적 사무를 수행한다. 그러나 국가적, 광역적 경찰사무는 연방 또는 주 경찰의 관할권이 인정된다.

② 영국의 경우

a. 지방분권주의에 기초한 자치경찰제를 실시한다.

b. 1964년 〈경찰법〉으로 지방경찰단위를 기초단체에서 광역자치단체로

조정하였다. 수도경찰도 2000년부터 자치경찰화하였다. 지방경찰기구는 카운티(county) 단위로 지방경찰청을 설치하여 독립된 지방경찰위원회의 관리하에 두고 지방경찰청장(또는 경찰국장)은 지방경찰위원회가 임면한다.

c. 자치경찰의 임무는 법 집행을 지원 또는 실행하고 공공질서 유지, 범죄예방 및 범법자 체포를 한다.

d. 경찰예산은 카운티가 25%, 중앙정부가 75%의 비율로 부담한다. 지방의회의 관여는 예산부담과 관련하여 경찰위원회로 하여금 출석, 질의에 답변하는 것에 그치고 있다.

③ 일본의 경우

a. 일본은 역사적 전통과 현실성을 고려하여 중앙집권적 국가경찰과 지방분권적 자치경찰을 조화시키는 혼합형으로 운영한다.

b. 중앙과 지방에 공안위원회 제도를 두고 국가경찰과 도, 도, 부, 현(都, 道, 府, 顯)의 지방경찰로 구성되어 있다.

c. 총리소속의 국가공안위원회(위원장은 총리, 위원은 5명)가 국가경찰을 관리하고 자치경찰에 대한 지휘, 조정, 감독을 위해서 관구경찰국을 운영하고 있다.

d. 상기 도, 도, 부, 현 지사 소속 지방공안위원회가 자치경찰을 관리한다.

e. 도, 부, 현(道, 府, 縣)의 경찰본부장은 국가공안위원회가 도, 부, 현의 공원위원회의 동의를 얻어서 임명한다. 다만 도(都) 경시총감은 국가공안위원회가 도(都)공안위원회의 동의를 얻어 내각총리대신의 승인

을 거쳐 임명한다.

④ 독일의 경우

a. 독일은 주(州)을 단위로 한 경찰제도를 채택하고 있다. 각 주의 내무부
   를 중심으로 한 경찰체제로 주 경찰은 주 헌법에 따라서 독자적으로 주
   경찰을 운영하고 주 내무부 소속 하에 치안경찰(정복경찰), 수사경찰
   (사복경찰), 기동경찰, 수상경찰로 편성되어 있다.

b. 자치단체인 〈게마〉수준에서는 행정관청 등도 자치경찰의 기능을 포
   괄적으로 수행한다.

c. 자치단체와 자치경찰은 자율적으로 경찰활동을 함께 수행하고 있어
   주민들로부터 많은 신뢰를 받고 있다.

d. 주 경찰 예산은 주 정부가 부담하고, 연방경찰 예산은 연방정부가 집
   행한다.

제3장 한국 지방자치단체의 기관과 자치사무

한국 지방자치단체는 보통지방자치단체로서 광역자치단체와 기초자치단체로 구성되고, 각 지방자치단체에는 의결기관으로서 지방의회와 집행기관으로서 단체장이 있으며, 의회의원과 단체장은 풀뿌리 민주주의 강화를 위한다는 명분으로 주민의 직접선거에 의해서 구성된다. 그러나 아직도 선출과정과 결과가 전근대적인 잔재로 인한 중앙정부의 관여가 심각하여 진정한 풀뿌리 민주주의 발전에 장애가 되고 있다.

제1절 한국 지방자치단체의 기관

지방자치단체는 공익법인으로서 지역주민에 대한 법률적 권리와 의무를 가지는 지방단체이며 헌법기관으로서 법령이 정하는 바에 따라서 독자적 자치권을 행사할 수 있다. 지방자치단체에는 보통지방자지단체와 특별지방자치단체가 있으며, 지방자치단체의 기관으로는 의결기관으로 지방의회가 있고 집행기관으로는 지방자치단체의 장(長)이 있다. 지방의회와 장은 그 지역주민의 직접투표에 의해서 선출된다.

1. 지방자치단체의 기관이란?

지방자치단체란 "일반적으로 국가 영토의 일부를 자신의 구역으로 획정하고 그 구역 내의 주민들에 의해 선출된 기관이 국가로부터 상대적으로 독립하여 자주적으로 지방적 사무를 처리할 능력을 가지는 법인격 있는 단체"라는 법률상의 개념이다.[54]

1) 지방자치단체의 구성요소와 특성[55]

위의 개념에서 볼 때 지방자치단체는 첫째, 장소적 요소로서 일정한 구역, 둘째, 인적요소로서의 주민, 셋째, 법제적 요소로서의 자치권으로 구성되어 있다. 지방자치단체는 '지방단체'이고 행정기관의 하부단체가 아니라 자체적으로 계약을 체결할 수도 있고 재산을 소유하는 법률적 권리와 의무를 갖고 있는 공익법인이다. 또한, 관할지역 주민과 단체에 대한 규제를 하고 세금을 부과할 수 있는 특성이 있다. 일정한 지역을 단위로 하는 지역적 통치단체의 성격에 따라 이를 자치단체, 지방공공단체, 지방정부라 부르기도 한다.

지방자치단체는 첫째, 헌법기관으로서의 성격을 갖고 있다. 헌법 제8장에서 지방자치를 '국가의 기본 제도'로 보장하고 있다. 또한 헌법 제117조 제1항, 제2항과 제118조에서 지자체의 사무, 종류, 조직, 권한, 의원선거와 장의 선임방법 등에 관해서 규정하고 있다. 둘째, 지방자치단체는 공법인으로서 주민의 공공적 사무를 집행하고 행정권의 주체로서 독자적 자치권을 행사할 수 있다. 셋째, 지역단체로서 그 지역 내의 주민에 대한 지배권을 갖고 있다.

2) 지방자치단체의 종류[56]

지방자치단체에는 보통지방자치단체로서 광역자치단체와 기초자치단체가 있고, 특별지방자치단체로서 지방자치단체조합이 있다.

보통지방자치단체는 전국에 걸치는 보편적, 일반적, 종합적으로 존재하는 지방자치단체를 말한다. 특별시, 광역시, 도, 특별자치도, 특별자치시, 시, 군 및 자치구가 이에 해당한다. 광역자치단체로는 도(道), 광역시(廣域市), 서울특별시(特別市), 제주특별자치도, 세종특별자치시가 있다. 17개의 시·도로 이루어져 있다. 2006년 1월 11일 지방자치법의 개정으로 제주도를 폐지하고 2006년 7월1일 제주특별자치도가 광역자치단체로 출범하였고, 세종특별자치시는 2010년 12월 27일에 공포된 〈세종시 설치 등에 관한 특별법〉에 의거하여 2012년 7월 17번째 광역자치단체가 되었다. 요즘 지역별로 광역자치단체 간에 통합행정(通合行政)을 목표로 초광역자치단체를 조성하려는 논의가 활발하게 진행되고 있어 그 귀추가 주목된다. 예를 들면 전라남도와 광주광역시, 부산광역시와 경상남도와 울산광역시 그리고 충청남도와 대전광역시 등등에서 논의가 시도되고 있다. 지역적 역사성과 교통망을 고려하고 지정학적으로 근접한 지역주민들의 행정관리상의 편의를 위한 노력이 행정사무에 따라서 지역주민 편의적으로 통합이 이루질 수 있을 것으로 기대된다. 그 외 기초자치단체로는 시(市). 군(郡). 자치구(自治區)가 있다.

특별지방자치단체는 지방자치법상의 특별지방자치단체인 〈지방자치단체조합〉은 2개 이상의 지방자치단체가 하나 또는 둘 이상의 사무를 공동으로 처리할 필요가 있을 때 설립한다(지방자치법 제159조). 현재 서울특별시, 인천광역시, 경기도가 참여한 〈김포쓰레기 매립장 운영조합〉이 대표적인 특별자치단체이다.

2. 지방자치단체의 기관 구성

일반적으로 지방자치단체는 의사를 결정하는 의결기관(議決機關)과 의사를 집행하는 기관인 자치단체의 장(長)으로 구성되어 있다. 지방의원과 장의 피선거권은 25세 이상이고, 선거일 현재 계속하여 60일 이상 당해 지방자치단체의 관할구역 안에 주민등록(住民登錄)이 되어있어야 한다(공직선거법 제16조).

1) 의결기관: 지방의회, 지방의원

지방자치단체는 그 지역주민에 의해서 직접 선출된 합의제 의결기관으로서 헌법상의 기관인 지방의회(地方議會)가 있다. 지방의회의 지방의원(地方議員)의 정수는 〈공직선거법〉의 규정에 의거해서 결정된다(공직선거법 제22조, 제23조 참조). 의원정수의 변경에 대해서는 공직선거법 제28조에 규정되어 있다. 지방의회의 의원선거에 관한 사항은 공직선거법에 규정되어 있다. 즉 지방의원 선거권(공직선거법 제15조), 지방의회 피선거권(제16조) 및 선거구 획정(제26조)에 관하여 규정되어 있다.

가. 지방의원의 지위 및 권리, 의무

지방의원의 임기는 4년(지방자치법 제32조)이고, 2006년 1월 1일부터 지방의원에게 일정한 의정 활동비가 지급된다(지방자치법 제33조). 지방의원은 공무원직 또는 정부투자기관의 임직원 등을 겸직할 수 없다(지방자치법 제35조).

지방의원의 권리란 의회의 권한을 행사하기 위해서 의원에게 필요한 권리를 주는 것을 말한다. 회의 시에 부여되는 권한으로는 의회출석권, 발언권, 의안제출권, 동의의 제출권, 표결권, 선거권, 요구권 및 청구권, 이의신청권, 주의 환기권 등이 있다. 회의 외에서의 권한으로는, 임시회 소집요구권, 청원소개권(의원은 청원을 하고자 하는 자를 의회에 소개할 권한)을 갖고 있다.

의원은 소집된 의회에 참석할 의무, 상임위원회 취임 의무, 규율(의원은 질서규율 존중 의무가 있다. 이를 위반할 시에는 의장은 제지, 발언취소 또는 퇴장을 명할 수 있다.) 및 징계에 복종할 의무가 있다. 본인 배우자 직계비속 또는 형제자매와 이해관계가 있는 사안에 대해서는 그 의사에 참여해서는 안 된다는 의무도 있다.

나. 지방의회의 권한

지방의회는 의결기관으로서 지방자치단체의 중요한 사항을 의사결정할 수 있는 권한을 가진다. 의회의 의사결정권이란 첫째, 단체의사결정으로서의 의결권이 있다. 이때는 장이 대외적으로 표시할 때만 구속력을 가진다. 둘째, 의회의 기관의사 결정으로서의 의결권이 있다. 이때는 의결과 동시에 효력이 발생한다. 셋째, 집행기관의 집행을 전제로 한 의회의 동의로서의 의결권이 있다. 지방의회의 의결을 요하는 사항은 지방자치법 제39조에 열거되어 있으며, 제39조 2항에는 조례제정권이 명시되어 있다. 조례제정권은 "지방자치단체는 … 법령의 범위 안에서 자치에 관한 규정을 제정할 수 있다(헌법 제117조 1항)"라는 헌법에 근거하여 부여된 권한이다.

지방의회는 그 외에 예산의결권과 결산승인권을 가진다. 예산의결권과 관련하여 세입예산은 법률·명령·조례·규칙 등에 근거해서 결정되기 때문에 그 자체가 집행기관을 구속하는 것이 아니지만 세출예산은 집행기관에 구속력이 있다. 지방의회는 회계연도의 세입·세출에 대한 심사는 개괄적으로 또는 개개의 수입과 지출의 적법을 심사할 수 있다. 지방자치단체장은 출납폐쇄 후 80일 이내에 결산서, 증빙서류작성을 한 후, 지방의회가 선임한 검사위원의 검사의견서 첨부하여 다음 연도 지방의회의 승인의 절차를 거친다(지방자치법 제134조). 결산 승인은 집행기관의 법적 책임을 면해주는 것이 아니라 정치적으로 주민에 대한 도덕적·정치적 책임을 해제시키는 것이다.[5] 그외에 법령의 규정을 제외한 사용료, 수수료, 분담금, 지방세 및 가입금 부과 및 징수에 대한 의결권의 행사가 있다.

지방의회는 의장, 부의장, 임시의장 선거(제48조), 위원회의 위원 선거(제56조), 결산심사를 위한 검사위원 선거(제134조) 등에서 선거권을 행사한다. 지방의회는 다음과 같은 감시적 권한을 가진다. 감시적 권한으로 첫째, 행정사무 감사권(제41조), 둘째, 행정사무 조사권(제41조), 셋째, 행정사무처리 상황의 보고와 질문응답권(제42조), 넷째, 자치단체장 및 관계 공무원 출석·답변 요구권(제42조) 등이 있다.

지방의회는 일반적으로 그 지자체의 공익에 관한 의견서를 관계기관에 제출할 수 있는 의결표명권이 있다. 이에는 '의견서 제출권'과 '청원수리 및 처리권'이 있다. '의견서 제출권'은 지방자치법 제4조 2항에 "지방자치단체를 설치, 폐지, 분할 또는 합병하거나 그 명칭을 변경 또는 구역을 변경할 때에는 관계 지방자치단체의 지방의원의 의견을 들어야 한다."라고 규정하고 있어 의견표명권을 포괄적으로 인정하고 있지는 않다. 이때도 주민투표를 실시하는 경우에는 의견제출권이 없다(주민투표법 제8조 참조). 주민의 청원을 지방의원의 소개로 지방의회에 제출할 수 있으며, 제출된 청원서는 소관위원회 또는 본회의에 회부·심사하게 하고 그 처리결과를 의장에게 보고한다. 현재진행 중인 재판에 간섭하거나 법령에 위반되는 것은 청원할 수 없다(지방자치법 제8절 청원 참조).

의회는 내부 운영에 관한 규정을 제정하거나 내부 조직을 자주적(自主的)으로 관리 할 수 있는 자율적 권한을 가지고 있다. 회의 규칙제정(제71조), 개회, 휴회, 폐회와 회의일수(제47조), 질서유지(제82조), 의원의 자격심사(제79조) 및 징계의 사유(제86조), 의장·부의장의 불신임 의결(제55조) 등의 사항을 지방의회는 자율적으로 결정할 수 있다.

다. 지방의회의 운영

지방의회의 성립조건으로 의사정족수는 재적의원 3분의 1 이상의 출석으로 개의하고(제63조), 의결정족수는 과반수 출석과 출석의원 과반수 찬성을 요한다(제64조).

① 정례회와 임시회

정례회(定例會)는 년간 2회 개최하고, 집회일, 기타운영에 관한 사항은 대통령이 정하는 바에 의해서 조례로 정한다(제44조). 임시회는 총선거 후 사무처장, 사무국장, 사무과장의 임기 개시 25일 이내에 소집한다. 일반적으로는 장이나 의원 3분의 1 이상이 요구 시 지방의회의장이 15일 이내에 소집한다. 임시회소집은 집회일 3일 전에 공고하나 긴급을 요할 때는 그러하지 않다(제45조).

② 본회의와 상임위원회

의안심의의 중심은 본회의(本會議)이다. 광역자치단체는 상임위 수에 제한이 없으나 기초자치단체의 경우는 제한이 있다. 상임위원회는 소관의안과 청원 등을 심사·처리하는 상임위원회와 특정한 안건을 일시적으로 심사·처리하는 특별위원회가 있다(제56조).

③ 의사절차

회의의 토의안건의 심의 때 필요한 순서와 방법은 준비수속, 안건의 심의수속 및 본회의 심의수속에 따른다.[58]

④ 회의원칙

의사정족수는 재적의원의 1/3 이상의 출석을 요한다(제63조). 의결정족수는 재적의원 과반수의 출석과 출석의원 과반수의 찬성으로 의결에 의하고(제64조), 회의는 공개가 원칙이다(제65조). 의원의 임기가 끝나는 경우를 제외하고는 회기 계속의 원칙에 따른다(제67조).

2) 집행기관: 지방자치단체장

지방자치 단체장은 지방자치법 제101조에 의거하여 외부에 대하여 그 자치단체를 대표하고 단체장은 의원과 마찬가지로 주민의 직접선거에 의한다(지방자치법 제94조). 단체장은 1995년까지만 해도 중앙에서 임명되다가 1995년 6월 27일부터 직선제가 되었다.

집행기관은 지방의회에서 결정한 정책, 사업. 계획 등의 집행을 담당하고 있는 단체장과 그를 보좌하는 행정기구와 소속행정기관을 의미한다. 특별시에 특별시장, 광역시에 광역시장, 특별자치시에 특별자치시장, 도와 특별자치도에 도지사, 시에 시장, 군에 군수, 자치구에 구청장을 둔다(지방자치법 제93조). 이와 별도의 집행기관으로 지방자치법과 지방교육자치에 관한 법률이 정한 시, 도에 교육감이 있다(지방자치법 121조). 교육감은 교육, 과학, 체육에 관한 사무를 분장하여 집행한다.

가. 지방자치단체장의 지위

지방자치단체의 장은 자치단체의 사무를 통할하는 행정수단으로서의 지위와 국가사무를 위임받아 시행하는 집행기관의 지위와 종합적인 행정기관의 지위에 있다. 한편으로는 지방정치지도자로서의 역할도 한다. 지방자치단체의 장(長)은 대외적 대표자로서 지방자치단체의 사무를 통할한다(제101조). 지자체의 고유사무와 단체위임사무를 집행하는 최고 책임자로서 행정수반의 지위를 가진다. 지자체의 장은 그 지방자치단체 내에서 시행하는 국가사무를 위임받아서 시행하는 기관의 지위를 가진다(제102조).

중앙정부의 각 부처는 기능적으로 나누어진 각각의 고유 업무를 수행하지만, 지방자치단체는 특정한 지역 내의 업무를 종합적으로 수행하는 기능을 가지기 때문에 그 단체장은 종합행정기관의 장으로서의 지위를 가진다. 한편으로는 정당의 추천으로 단체장이 되는 경우에는 중앙당과 지구당의 관계에서 지역정치지도자로서의 지위를 가질 수 있다. 이런 경우 중앙당이나 중앙정부가 과도하게 관여하게 되어 풀뿌리 민주주의 발전에 저해가 되기 때문에 지자체 의원과 주민의 지대한 관심과 견제가 이루어져야 한다. 즉, 장과 의회 및 주민 간에 체크와 밸런스가 잘 이루어져야 한다.

나. 지방자치단체장의 권한[59]

단체장은 법령에 의해서 지자체의 사무를 관리·집행하는 권한과 규칙 제정권이 있고, 법령과 조례에 의해서 단체의 직원을 지휘·감독·임면할 수 있으며, 의회와 보조기관 및 소속기관에 대해서 일정한 권한을 가진다.

① 관리·집행권
지방자치단체장은 지방자치단체를 통할하는 대표(제101조)이기 때문에 지자체의 사무와 법령에 의해서 위임된 사무를 관리하고 집행한다(제103조).

② 규칙제정권
지방자치법 23조에 따르면 장은 법령이나 조례가 위임한 범위 내에서 그 권한에 속한 사무에 관한 규칙을 제정할 수 있다.

③ 직원지휘, 감독권, 임면권(任免權)
지방자치법 제105조에 의해서 소속직원을 지휘, 감독하고 법령과 조례의 정한 바에 의해서 임면, 교육훈련, 복무, 징계 등에 관한 사항을 처리한다.

④ 지방의회에 관한 권한
단체장은 지방의회와의 견제와 균형을 유지하는 차원에서 다음과 같은 권한을 갖고 있다. 최초의 의회 임시총회 소집 및 일반임시회 소집 요구권(제45조), 의안발의권(제66조), 예산안제출권(제127조), 재의요구 및 재소권(제26조, 제107조, 제108조, 제172조), 선결처분권(先決處分權; 제109조)[60]을 가진다.

⑤ 장의 권한 위임과 위탁

장은 조례 또는 규칙이 정하는 바에 의하여 그 권한에 속하는 사무의 일부를 보조기관, 소속행정기관 또는 하부행정기관에 위임할 수 있다(제104조 1항). 또한 위와 같은 위임 또는 위탁은 관할 지방자치단체나 공공단체 또는 그 기관(사업소, 출장소 포함)에 위임하거나 위탁할 수 있다(제104조 2항). 한편 다른 지방단체와의 협의나 규정에 의해서 다른 지방단체 또는 장에게 사무의 일부를 위탁할 수 있다. 이러한 위탁행위는 감독, 상부관청에 보고할 의무가 있다(제151조). 이상의 위임 및 위탁행위는 민간에게도 그 관할 사무를 위탁할 수 있다(104조 3항).

⑥ 장의 보조기관과 소속기관

a. 보조기관

장의 직무를 내부적으로 보조하는 사람을 말한다. 기초단체의 부책임자(副責任者)는 단체의 장이 임명하지만, 광역자치단체의 정무직 또는 일반직 국가공무원으로서 부책임자를 임명하는 경우에는 시·도지사의 제청으로 행정안전부 장관을 거처 대통령이 임명하도록 되어 있다(지방자치법 제110조).

특별시 부시장 정수는 3명을 넘지 않는 범위 내에서 대통령령으로 정하고, 광역시, 특별자치시(세종시)의 부시장 및 도와 특별자치도(제주도)의 부지사(副知事) 정수는 2명을 초과하지 않는 범위 내에서 대통령령으로 정한다. 다만 인구가 800만 명 이상인 도나 광역시는 3명으로 한다. 시의 부시장, 군의 부군수(副郡守) 및 자치구의 부구청장(副區廳長)은 1명으로 한다(지방자치법 제110조 제1항).

b. 지방공무원

지방자치단체는 소관사무의 범위 안에서 필요한 지방공무원을 둘 수 있다. 지방공무원의 임용, 시험, 자격, 보수, 복무, 신분보장, 징계, 교육훈련 등에 관해서는 지방공무원법이 정한 바에 따르고, 또한 대통령령에 의해서 국가공무원을 둘 수도 있다. 한편 대통령령이나 대통령령이 정하는 바에 따라서 조례로 자치경찰기관(제주특별자치도에 한함), 소방기관, 교육훈련기관, 보건의료기관, 시험연구기관 및 중소기업지도기관 등을 직속기관으로 설치할 수 있고(지방자치법 제113조), 외에 조례로 사업소 설치(제114조) 또는 출장소 설치가 가능하다(제115조).

c. 하부행정기관

이는 지자체의 행정사무를 지역적으로 분담, 처리함으로써 상기의 보조기관과는 달리 대외적으로 지자체의 의사를 표시하고 그에 따른 법적 효과를 발생시키는 행정청을 말한다. 이에는 인구 50만 명 이상의 행정구의 구청장(區廳長, 특별시나 광역시가 아닌 시의 사무를 분담하고 구청장은 시장의 지휘·감독을 받는다), 읍장(邑長, 인구 2만 지역 군수가 임명), 면장(面長, 인구 9천 명 지역에 군수가 임명), 동장(洞長)과 동 직원 등이 있다.

다. 의결기관과 집행기관 간의 바람직한 관계

지방의회와 단체장은 지역주민의 직접선거에 의해서 선출되고(지방자
치법 제94조), 선출과정에서 중앙정당의 공천이 있다(제5장 지방자치단체
와 정당 참조). 이런 기본적인 기관구성으로 인해서 의회와 단체장 간의 상
호견제와 균형의 원칙이 건설적으로 준수되어야 지역주민의 복리증진과
안전보장의 질적 수준을 증진시킬 수 있다. 여기에 한국 풀뿌리 민주주의
의 성패가 달려있다. 그러나 지방단체의 현장은 중앙정치의 과도한 관여와
지역주민의 무관심으로 인해서 지방정치가 실종되어 있다. 중앙정치의 과
도한 궤도이탈이 보편화 되어있는 한국의 정치현실의 불행을 극복하고 제
왕적 대통령제의 위기를 탈피하기 위해서도 지역주민의 자율적이고 적극
적인 관심과 참여만이 지방의회와 단체장의 건설적인 견제와 균형을 발전
시킬 수 있다. 이를 위해서는 지역 특성에 맞는 다양한 주민자치조직의 구
성과 자치단체의 지원책이 제도적으로 강구되어야 한다.

제2절 지방자치단체의 자치사무

일정 국가 내에서 처리해야 하는 공공사무에는 국가가 처리해야 하는 국
가사무와 지방자치단체가 처리해야 하는 자치사무가 있다. 이는 국가와 지
방자치단체의 행정사무의 능률을 통해서 주민자치의 실효성을 높이자는
데 있다.

1. 사무 배분의 원칙[61]

중앙정부와 지방자치단체에 사무를 처리할 권한을 부여하는 것을 사무 분배라 한다. 사무배분에는 절대적 원칙은 없어 국가나 시대적 요청에 따라서 효율성과 현실성에 따라서 이루어진다. 이를 위해서 주민의 참여와 통제가 용이한 기초자치단체에 많은 사무를 배분하고, 국가와 자치단체별로 사무를 명확히 배정하여 행정책임을 명확히 하고, 최소의 경비로 행정 업무를 처리할 수 있도록 배정하게 된다.

2. 사무의 종류

지방자치단체에서 처리하는 사무로는 자치사무(고유사무)와 위임사무가 있다. 자치사무는 지자체가 지방자치법과 조례 등에 의거하여 지자체가 그 의사와 책임 및 부담 아래 처리하는 고유사무를 말한다.

이에는 지자체의 존립과 유지에 관한 사무와 복지에 관한 사무가 있다. 전자로는 상기 지자체의 의결기관(지방의회)과 집행기관(지자체 장과 보조기관 등)의 권한[62]에서 논한 자치입법권과 자치조직권과 자치재정에 관한 사무 등이 있으며, 후자로는 주민 밀착 복지사업인 학교, 병원 도서관의 설치, 상하수도, 주택사업, 쓰레기 등 오물처리, 교통, 도시계획, 소방, 예방 접종 등등에 관한 사무가 있다.

위임사무에는 단체위임사무와 기관위임사무가 있다.[63] 단체위임사무는 지방자치법 제9조 1항에 의거하여 법령에 따라서 국가 또는 상급자치단체로부터 위임된 사무를 말한다. 이때 경비는 국가 등 위임기관과 공동으로 부담이 원칙이며 당연히 지방의회의 승인 또는 추인을 받아야 하고 위임기관의 사후 감독을 받는다. 각종 예방접종사무, 시·군의 재해구호 사업 등이 이에 속한다.

지자체는 지방자치법 제102조의 "시, 도와 시, 군 및 자치구에서 시행하는 국가사무는 법령에 다른 규정이 없는 한 시, 도지사와 시장. 군수 및 자치구의 구청장에게 위임하여 행한다."에 근거하여 기관위임사무를 처리한다. 이는 지자체장에게 위임된 사무이기 때문에 의회의 승인이나 추인이 배제된다. 경비는 전부 위임기관이 부담하고 전면적인 감독이 가능하다. 천연기념물 관리사무, 대통령과 국회의원 선거 관리사무, 국민투표사무 등이 이에 속한다.

3. 중앙정부와 지자체의 사무 구분[64]

중앙정부와 지자체의 사무를 구분하는 데는 지방행정 사무의 기능적 능률성을 고려한 것이나, 중앙집권적인 전통과 재원의 전용 및 중앙정부가 지방자치단체에 배치되어 있는 국가공무원에 대한 인사권을 가지고 있기 때문에 사무의 구분이 무의미하게 되기도 한다.[65]

1) 중앙정부의 지방정부에 대한 감독의 편이성

고유사무와 달리 기관위임사무에 대해서는 중앙정부는 법령상의 규정 없이도 감독이 가능하며 사전감독, 지휘·명령 등 적극적 감독이 가능하다. 고유사무나 단체위임 사무에 대해서는 위법(違法)한 경우에 한하여 취소·정지가 허용되지만 기관위임사무에 대해서는 부당(不當)한 경우도 취소·정지할 수 있다.

2) 경비부담의 문제

고유사무에 대해서는 국가시책상 필요할 때 그 전부 또는 일부를 국가가 장려적 보조금형식으로 보조할 수 있다(지방재정법 제2장). 그러나 기관위임사무의 경우는 국가가 의무적으로 전액을 교부금이나 위탁금 형식으로 부담한다(지방재정법 제2장).

3) 지방의회와의 관계성

고유사무는 단체장의 전속적 권한에 속하는 경우 외에는 지방의회의 의결, 동의, 사무감사, 회계감사 등의 과정이 필요하지만, 기관위임사무의 경우는 경비부담문제가 있는 경우 외에는 지방의회가 관여할 수 없다.

4) 사무처리의 강제성 문제

고유사무의 경우 사무의 처리여부와 처리방법이 대개 지방자치단체의 재량에 일임되어있지만, 기관위임사무는 사무처리의 의무내용이 국가의 감독을 받는다.

제4장 지방자치와 정당

정당은 일반적으로 국가적, 지역적 이익을 정치과정에 투입하는 정책형성기능과 선거를 통해서 중앙정부와 지방정부의 행정 담당자를 선출하는 역할을 하고 정치인을 육성하는 기능을 한다. 지방자치단체에서 육성된 정치인이 그 경험을 바탕으로 중앙정치과정에서 국가적 차원의 정치활동을 할 수 있는 여건 조성은 정치발전에 긍정적인 역할을 할 수 있다. 지방자치단체를 구성하는 장과 의원은 그 지역주민의 직접선거에 의해서 선출된다. 이는 현대 참여민주주의 및 풀뿌리 민주주의의 실현이고 민주화를 공고화하는 실천적 의미가 있다.

제1절 지방자치제의 대의민주주의와 정당

한국에 현대적 민주공화제도가 도입되면서 대의민주주의가 채택되어 주권자인 국민을 대신해서 정부와 의회를 담당하는 대표자가 주권자의 선거로 등장하게 되었다. 이런 간접민주주의 구조가 대의민주주의 형태이다. 사회의 규모가 커지고 복잡해지면서 공공문제를 결정하기 위해서 간접민주주의가 대세가 되었기 때문에 주권자와 대표자를 연결시켜주는 매개체 중에서 대표적인 도구로서 정당이 등장하게 되었다. 따라서 정당은 주권자인 국민의 정치적 의사결정에 적극적으로 참여한다.

대의민주주의와 정당에 관한 논의는 민주주의 결핍 논란과 함께 일반화되어 있다. 현대 민주주의는 정당정치를 통해서 구현될 수 있다고 인식하기도 하지만 과대한 정당의 개입이 오히려 민주주의 결핍을 양산하고 있다는 논의도 활발하다.[66] 그러나 참여민주주의-풀뿌리 민주주의-지방정치로 대표되는 현대적 시민민주주의에서는 정당배제론도 등장하고 있다. 특히 "기초지방단체에서까지 중앙정당이 개입해야 하는가?"라는 회의가 제기되기도 한다. 이는 중앙정당이 지방정치에 과도하게 개입하고 있는 한국의 현실에 대한 반성적 평가와 연계되어 있기도 하다.

　이런 회의에 대한 저변의 합리적 논의에는 지방정부는 정치적 차원보다는 행정적 차원의 업무가 중요할 뿐만 아니라 주민의 의사결정에는 자발적인 주민단체나 지역 이익단체가 정당보다 더 직접적으로 주민 대표성과 관련성을 갖고 있기 때문이라는 것이다. 이러한 논리의 근간에는 특히 한국처럼 모든 행정업무가 정치적으로 설계되고 집행되어온 일제식민지시대, 군사정부시대를 거쳐 현재 제왕적 대통령제 운행의 과정에 대한 일부 국민의 정치 혐오증과 정치 기피증에서 기인되었다고 본다.

1. 지방정당

　지방정당에는 중앙정당의 지방조직이 대표적이다. 지방정당이 전국정당인 중앙정당의 지방조직이다 보니 정당정치에 공헌하는 바도 크지만 중앙정당의 과도한 간섭으로 인해서 친주민적이고 주민 밀착적인 주민의 정치의사를 왜곡시키는 경향을 간과할 수 없다.

　지방정당이 중앙정당으로부터 법령의 범위 내에서 어느 정도의 독자적이고 자발성을 가지는 것을 전제로 할 때, 참여민주주의 및 풀뿌리 민주주의의 정치발전을 위해서 다음과 같은 긍정적 기능을 할 수 있다.[67] 지방정당은 우선적으로 그 지역의 문제점과 과제를 정확하고 효과적으로 파악하여 지역주민에게 제시할 수 있기 때문에 주민의 정치참여 기회를 확대시킨다. 다음으로 주민의 정치의사를 중앙정당에 편리하게 전달하여 국가정책에 반영시킬 수 있으며 지방정치인을 전국적인 정치인으로 육성하는 기회가 주어질 수 있다. 끝으로 중앙정당의 지방조직이기 때문에 지역 간의 갈등이나 중앙과 지방의 대립을 조정·통합하여 국가정책의 안정을 기할 수 있다.

이를 위해 우선적으로 중앙정당의 지방조직에 대한 지나친 관여가 정리, 정화(淨化)되어야 한다. 이는 중앙정당의 간섭에 대해서 지방조직이 어디까지 자율적(自律的)으로 행동할 수 있느냐의 문제와 중앙의 정책결정에 지방조직이 어느 정도 참여할 수 있냐의 문제이다. 이 자율성과 참여문제가 해결되도록 정리, 정화되어야 한다. 한국의 거대양당이 제도화에 앞서야 할 것이다. 그러나 한국의 중앙정당과 그 지방조직은 거대양당이 앞장서서 경쟁적으로 지방조직을 무시해 버리고 소수정당은 지방조직의 역할 자체가 미미하다. 더욱이 2020년 4월 총선에서 본 바와 같이 가상비례대표만을 위한 꼭두각시 거대 양당의 여야정당까지 생겨 대의민주주의-참여민주주의 기틀을 흔들어 놓았다. 중앙정당이 대의민주주의 참여민주주의의 기틀을 흔들어 놓는 데 지방조직이 총동원되었다. 이처럼 현재 한국의 문제는 중앙이든 지방이든 정당이 주민을 위해서 존재하는 것이 아니라 정당-정파를 위해서 존재하고 있다는 데 있다. 한국 중앙정당은 항상 민족과 국가와 국민을 위한다는 명분으로 지역주민의 정치의사를 무시하기 일쑤다. 중앙정당에서 이루어지는 정파 간 경쟁이 그대로 지방정치까지 영향을 미치고 지역주민의 과제는 뒷전으로 밀리거나 소멸되어 버리기 일쑤다.

다음으로 중요한 것은 각 지역에서 그 지역에 알맞은 주민자치 정치교육이 활성화되어야 한다. 이를 위해서 각 지역에 '주민자치교육센터'가 조례로 설치되어 주민에 대한 정치사회화교육이 적극적으로 이루어진다면 지방정치가 중앙정당 싸움에 휘말리지 않고, 지방정당의 주민을 위한, 주민에 의한, 주민의 지방정치가 긍정적으로 활성화될 것이다.

2. 지방선거와 정당

지방자치단체의 장과 의원의 선거에 대한 구체적인 제도적 내용은 기관구성의 대표성과 안정성에 있어서 풀뿌리 민주주의의 발전과 정착에 초석이 된다.[68]

한국인은 선거인 명부 작성 기준일에 해당 지방자치단체 구역에 주민등록이 되어있는 주민으로 18세 이상은 선거권이 있고, 외국인이라도 영주권의 체류자격취득 후 3년이 경과하고 해당 지방자치단체의 외국인등록 대장에 올라 있는 사람은 선거권이 있다(공직선거법 제15조 2항). 피선거권은 선거일 현재 계속하여 60일 이상 해당 지방자치단체의 관할구역에 주민등록이 되어있는 25세 이상의 주민이어야 한다(공직선거법 제16조 3항). 교육자치선거도 동시에 실시된다. 6월 첫 번째 수요일이 선거일이다(공직선거법 제34조). 장과 의원의 보궐 선거에 대해서는 공직선거법(제22조, 제23조, 제201조)을 참고할 수 있다.

비례대표 의석배분은 정당투표의 100분의 5 이상을 얻은 정당을 대상으

로 하나 광역의원의 경우는 하나의 정당에서 비례대표 정수의 3분의 2 이
상이 배분될 수 없다(공직선거법 제190조의 2항).

〈지방자치단체의 선거제도의 개편 약사〉
1991년 3월과 6월에 기초의회 의원과 광역의회의 의원 선거 실시
1995년 전국지방선거의 동시 선거실시와 광역의회의원의 비례대표제 도입
1998년 한시적으로 3년 만에 실시하여 국회의원과의 주기를 4년으로 조정
2002년 광역의원선거에서 1인2표제의 비례대표 선출을 위한 정당투표와 50% 여성할당제 도입
2006년 기초의원 선거의 중선거제 개편과 정당공천제의 허용, 비례대표제 도입과 비례대표 명부의 홀수 순번 여성할당제 확대. 기초의회의 의원은 하나의 선거구에서 중선거제 다수투표제를 도입
2010년 지역구 정당공천의 여성할당 의무제 도입
2014년 사전투표제 도입
2019년 12월 27일 공직선거법 개정(선거권 18세 이상으로 확대)

3. 중앙정당과 지방정당의 관계성

지방자치에 정치적 성격이 존재하기 때문에 지방자치에 정당이 참여하
는 것은 당연한 것이다. 더욱이 현대 민주주의의 성장을 위해서 정당이 건
설적으로 지방자치에 참여하는 것은 자연스러운 것이 될 수 있다. 그러나
중앙정당이 지방정당에 과도하게 참여하게 되면 지방정치의 자율성과 효
율성을 저해하게 된다.

한국의 경우를 살펴보면 연고 중심의 정치문화와 전근대적·권위주의적
정치문화가 존재하는 면[69]을 고려할 때 중앙정당의 지방정당에 대한 관여
와 간섭이 상존한다. 또한, 지자제 실시 역사가 짧다 보니 지역주민의 자치

의식이 높지 않으며 지자제에 대한 관심도가 중앙정치에 갖는 관심보다 훨씬 낮다. 특히 기초지방자치제에 대한 지역주민의 참여도가 더 낮다. 이는 역설적으로 중앙정치가 지방자치에 간섭이 크기 때문이기도 하다.

제5장 지방정치와 지방재정

참여민주주의를 구현하기 위한 지방자치를 실현함에 있어서 재원의 마련과 그 운용이 중요하다. 지방정부는 현대국가가 지향하는 복지국가 건설의 궤도에 맞추어 지역주민의 생활수준의 향상을 도모하기 위한 공공서비스를 제공하게 된다. 이때 필요한 재정자금의 확보와 지출에 관계된 지방정부의 자치행정 활동을 그 경제적 차원에서 파악하는 것이 지방재정과 연관된 업무이다. 지방정부는 자체수입원으로 지방세, 세외수입이 있고, 기타 고유재원으로 지방교부세, 보조금, 지역발전 특별회계 및 자치구 조정교부금 등이 있으며 경우에 따라서 지방채를 발행할 수도 있다.

제1절 지방재정의 국가재정과의 관계성 및 자원배분 원칙[70]

헌법과 지방자치법에 따라서 지방재정과 국가재정은 복지국가 건설이라는 공동의 목표를 가지고 서로 협조하는 관계에 있으며 지방재정은 이에 따른 독자적 기능을 한다. 그러기 위해서는 한정된 지방자원이 효율적이고 형평하게 배분되고 국가와 지역의 경제성장과 안정성에도 도움이 될 수 있도록 배분되어야 한다.

1. 국가와 지방간의 재정설계상의 조화

지방재정법에서는 "지방자치단체는 주민의 복리 증진을 위하여 그 재정을 건전하고 효율적으로 운용하여야 하며 국가의 정책에 반하거나 국가 또는 다른 지방자치단체의 재정에 부당한 영향을 미치게 해서는 아니 된다(지방재정법 제3조)"라고 규정하고 있다. 이에 따라서 국가와 지방 간의 재정부담의 원칙으로는 첫째, 지방정부의 관할구역 내의 자치사무의 경비는 그 지방정부가 전액을 부담한다(지방재정법 제20조). 둘째, 지방정부나 그 기관이 법령에 따라서 처리해야 될 사무를 위해서 국가와 지방정부가 이해관계가 있는 경우 원활한 사무처리를 위해서 국가가 전부 또는 그 일부를 부담한다(지방재정법 제21조 1항). 셋째, 국가가 스스로 해야 할 사무를 지방정부나 그 기관에 위임하여 수행하는 경우 그 경비는 국가가 전부를 지방정부에 교부하여야 한다(지방재정법 제21조 2항).

2. 지방재정의 자원배분의 원칙

지방정부는 한정된 자원을 효율적으로 분배하고 형평성의 가치를 중시해서 분배해야 하며, 국가와 지역 경제성장과 경제안정성에도 도움이 되도록 지역사회에 배분하여야 한다. 정당이나 정파성이 작용하는 한국사회에서 이런 원칙이 실현되기는 어려움이 있지만 성숙한 지방자원 배분이 풀뿌리 민주주의 발전을 위한 지중한 전제가 될 것이다.

제2절 지방자치단체의 자체수입

지방자치단체의 자체수입으로는 지방세(地方稅)와 세외수입(稅外收入)
이 있다. 지방세란 지역주민이나 그 구역 안의 일정 행위자에게 강제적으
로 부과하여 징수하는 세금을 말한다. 세외수입이란 지방행정제재·부과
금과 그 밖의 다른 법률 또는 조례에 따라 부과·징수하는 지방자치단체의
조세 외의 금전 수입으로서 수수료, 재산임대수입 등 행정안전부령으로 정
하는 금전 수입을 말한다(지방행정제재·부과금의 징수 등에 관한 법률 제
2조 1의 2).

〈지방세의 내용〉

가. 도세(6가지)
　① 보통세: 취득세, 등록면허세, 레저세, 지방소비세
　② 목적세: 지역지원시설세, 지방교육세
나. 광역시세(9가지)
　① 보통세-취득세, 레저세, 담배소비세, 지방소비세, 주민세, 지방소득세, 자동차세
　② 목적세-지역지원시설세, 지방교육세
다. 시·군세(5가지)
　① 보통세: 주민세, 재산세, 자동차세, 지방소득세, 담배소비세
라. 자치구세(2가지)
　① 보통세: 등록면허세, 재산세

〈세외수입의 내용〉

가. 일반회계
　① 경상적 수입-재산임대수입, 사용료, 수수료, 징수교부금, 이자수입, 사업수입(주차
　　료, 통행료, 청산금, 분담금 등등)
　② 임시적 수입-재산매각대금, 부담금, 과징금 및 과태료, 지난연도 수입 등

나. 특별회계

　① 각종 기타수입-재산임대수입, 사용료, 수수료, 지난연도 수입 등

　② 공기업 수입-상·하수도사업, 공영개발사업, 지역개발기금 등

가. 사용료: 지방정부는 공공시설의 이용 또는 재산의 사용에 대해서 사용료를 징수할 수 있다(지방자치법 제136조). 사용료에는 도로·하천·상하수도·공공수면·시장·도축장·중기 등의 사용료 및 운동장·공연장 등의 입장료와 사용료, 공원·관광지·묘지·복지회관·시민회관 등의 공공시설 및 재산의 사용료 등이 있다.

나. 수수료: 지방정부는 그 사무가 특정인을 위한 것일 경우 수수료를 징수할 수 있다(지방자치법 제137조). 수수료에는 제증명서 발급 수수료, 각종 공공시험에 관한 증지 판매수입 등등이 있다.

다. 분담금: 지방정부는 그 재산 또는 공공시설의 설치로 인해 주민의 일부가 이익을 받는 경우 그 이익의 범위 안에서 분담금을 징수할 수 있다(지방자치법 제138조).

라. 부담금: 자치단체 처리사무에 대해 국가나 상급자치단체가 혹은 상급자치단체의 사무처리에 대해 지방자치단체가 경비의 일부를 부담하는 경비.

마. 재산수입: 재산임대수입이란 지방정부가 국·공유재산(임야 토지 등)을 관리·운용함으로써 발생하는 수입을 말한다. 새산 매각수입이란 공유새산을 매각·처분하여 발생하는 수입을 말한다.

바. 징수교부금: 특별시·광역시 및 도는 시·군 및 자치구에서 특별시세·광역시세 및 도세를 징수하여 특별시·광역시 및 도에 납입한 때에는 납입한 특별시세, 광역시세 및 도세의 3/100에 해당하는 징수교부금을 그 처리비로 당해 시·군 및 자치구에 교부해야 한다(지방세법시행령 제41조).

사. 기부금: 주민이나 기업의 자발적 의사에 의해 지정 혹은 지정 없이 자치단체에 납입한 대금.

아. 경영·사업수입: 자치단체가 지방재정의 확충을 위한 수익사업에서 얻은 수입자의 수입-불용품 매각, 수입, 변상금, 위약금(과태료, 체납처분비 등), 예금이자 등

제3절 지방정부의 기타 고유재원

지방정부의 기본행정 운영에 필요한 최소한의 재원을 보장하기 위해서 국세의 일부로 충당하는 지방 교부세와 보조금 등이 있다. 이 외에 정부 부처와 지방정부 간에 이루어지는 지역발전 특별회계와 각 지방정부 자체 간에서 이루어지는 재원으로 자치구 조정교부금 및 시·군 조정교부금이 있다.

1. 지방교부세

재정력이 약한 지방정부에 국세의 일부를 이전해서 재정부족액을 충당하는 제도이다. 이에는 지방교부세법에 의해서 보통교부세, 특별교부세, 부동산 교부세, 소방안전교부세가 있다.[72]

2. 보조금[73]

국가보조금은 국가가 정책상 필요하다고 인정할 때 또는 지방정부의 재정 사정상 특히 필요하다고 인정할 때 예산의 범위 내에서 지급되는 재원이다(지방재정법 제23조 1항). 이에는 국가 외의 자가 행하는 사무 또는 사업에 대해서 국가가 이를 조정하거나 재정상의 원조를 위하여 교부하는 보조금, 부담금, 반대급부를 받지 않고 교부하는 교부금이 있다(보조금 관리에 관한 법률 제2조 4항의 급부금). 국가보조금의 지급은 정부 부처가 시·도 지방정부에 직접 보조하는 경우와 시·군·구에 간접적으로 보조하는 경우가 있고 민간 사업자에게도 직·간접적으로 보조하는 경우의 민간 보조가 있다.

3. 지역발전특별회계[74]

특별회계의 설치 목적은 '지역주민의 삶의 질 향상 및 지역경쟁력 강화'에 두고 있다. 이는 생활기반 계정, 경제발전계정, 제주특별자치도 계정, 세종특별자치시 계정으로 구분된다. 이는 기획재정부장관이 관리·운용하며 회계의 예산은 중앙행정기관의 조직별로 구분할 수 있다(국가균형발전특별법 제32조).

4. 자치구 조정교부금과 시·군 조정교부금

특별시장과 광역시장은 지방재정법이 정하는 바에 따라 해당 지방정부의 관할구역 안의 자치구 상호 간의 재원을 조정하여(지방자치법 제173조) 해당 자치구의 기본 행정운영에 필요한 최소한의 재원을 보장하고 자치구 간의 재정 불균형을 시정하기 위해서 시세(市稅)의 일부를 일정한 기준에 따라서 자치구에 조정교부금을 교부한다. 바로 자치구 조정교부금이다.

한편 시(市; 서울특별시 제외) 도(道)가 해당 시·군(市·郡)에 교부하는 조정교부금이 시군 조정교부금이다(지방재정법 제29조 1항). 이에는 시·군의 행정운영에 필요한 교부금(일반조정교부금)과 시·군의 지역개발사업 등에 지원하는 특별조정교부금 및 지방교부세법 제6조 1항에 의해서 지급되는 조정교부금이 있다(지방교부세법 시행령 제 36조 1항, 4항).

제4절 지방채

지방정부가 투자재원의 조달을 위해서 과세권을 담보로 자금을 조달하는 채무로서 증서차입 또는 증권발행의 형식을 취한다. 지방채 발행의 목적은 지역주민의 복지증진을 위해서 필요한 사업에 경비를 조달하기 위해서 지방자치단체장(長)과 지방자치단체조합(組合)[7]은 지방채를 발행할 수 있다(지방자치법 제115조 1항, 지방재정법, 제11조 1, 2, 3항 참조). 지방채를 발행할 시는 재정 상황 및 채무 규모 등을 고려해 대통령령이 정하는 발행한도액 범위 내에서 지방의회의 의결을 얻어야 한다.

제6장 한국 지방자치단체의 문제점과 개선점 고찰

한국의 지방자치제도가 잘 운영되기 위해서 해소되어야 할 문제점을 탐색하여, 이를 발전적으로 개선하려는 노력이 필요하다. 지방자치제의 발전을 저해하는 문제점은 지방자치단체 자체에의 인적(지역 주민, 지방정치인 등) 그리고 제도적(지자체의 자치역량 등) 문제점이 있고, 지자체의 외부에서 오는 중앙정부의 직·간접으로 이루어지는 통제와 정당, 언론 및 시민단체 등이 관여하는 문제들이 누적되어 있다.

지자체에 관행처럼 되어있는 이런 문제들을 해결하기 위해서는 지방정부의 자치역량을 높이고(주민 관심과 지방정치인의 질 함양), 이를 보장해주는 행정적, 법률적 제도 보강이 있어야 한다. 위의 양자는 지자체의 환경에 따라 동시적이고 단계적인 예측 가능성이 보장되는 계획이 정립되어야 한다.

제1절 한국 지방자치단체의 문제점 및 해결책 고찰

위에서 본 바와 같이 지방자치제는 지역주민의 일상생활과 직결되는 과제들을 처리함으로써 주민의 안정을 보장하고 주민의 복리를 증진시키기 위한 제도적 장치이다. 그러나 한국은 아직도 진정한 지방자치의 뿌리를 내리지 못하고 있는 실정이다. 지역주민의 적극적인 참여의식이 고양되고 지방자치권의 행정적, 재정적인 자치권이 확립되어야 지방자치제가 뿌리를 내릴 수 있다.

1. 내재적 문제점

내재적 문제점으로는 '주민참여의 통로 문제', '지방정부의 자치역량 강화의 문제', '질적으로 성숙한 지방정치인의 등장의 어려움'의 세 가지를 들 수 있다.

먼저, '주민참여의 통로가 부재'하다는 문제가 있다. 현재 지방자치법 및 주민소환에 관한 법률 등에서 주민투표제, 조례제정·개폐 청구권, 감사청구권, 주민소환제 등이 있지만 그 조건이 까다롭고 절차가 복잡하여 실질적으로 운영이 어렵다. 주민참여의 통로가 좀 더 확대되고 간편해야 한다. 다음으로, '지방정부의 자치역량 강화의 문제'가 있다. 자치역량을 강화하기 위해서는 국가공무원과 지방공무원의 신분상, 대우상의 차별을 없애야 한다. 한편으로는 지방공무원과 지방의원 및 단체장에 대한 직무 연수와 교양교육을 포함한 연수교육이 지속적으로 이루어져야 할 것이다.

마지막으로 '질적으로 성숙한 지방정치인의 등장의 어려움'이 있다. 한국 정치생태계의 전반적이고 고질적인 폐단이지만 주민들의 신뢰를 받을 수 있는 지방정치인을 육성해야 한다. 한국의 지방정부는 고유사무가 적고 중앙정부로부터의 위임사무가 많다. 이는 결과적으로 중앙정부의 통제가 따라오기 마련이다. 결국 지방정부의 자치역량이 줄어들고 지방이 중앙에 예속되는 결과를 가져온다. 이런 문제를 해결할 수 있는 지방정치인의 등장이 억제되고 있기 때문이다.

2. 외연적 문제점

현 지방자치제는 몇 가지 현실적인 외연적 문제를 가지고 있다.[76]

먼저, 지방자치의 뿌리가 약하다. 현대사회에서 지방자치가 근본적으로 흔들리는 것은, 첫째, 광역권 간의 교통문제를 들 수 있다. 둘째, 지역경제 기반이 약하다는 점, 그리고 지방자치가 중앙정치에 예속되어있다는 점을 들 수 있다.

그리고 각종 지역사업의 준비 부족으로 인한 예산 낭비가 존재한다. 첫째, 특히 각 지방자치단체가 하고 있는 각종 이벤트성 사업들이 일시적이거나 단체장의 홍보에서 시작하고 기관장 홍보에 주력하고 있다. 둘째, 중앙정부의 시혜성 사업이 지방자치단체 간의 권력다툼을 유발하고 있다. 셋째, 지역발전에 도움이 되지 않는 각종 사업들이 계획체계가 부족한 상태에서 전개되고 있다는 점을 지적하고 있다. 지방자치의 발전이 국가발전의 중요한 함의를 가지고 있음에도 불구하고 중앙집권적인 국가경영의 폐해로 인해서 지방자치에 대한 부정적 상황에 있기 때문에 지방정치의 활성화를 위해서 극복해야 할 과제로서 다음과 같이 제시하고 있다.[77]

정부의 분권화(分權化) 의지가 약하다는 점도 외연적 문제점으로 꼽을 수 있다. 자치권을 구성하고 있는 재정권, 인사권, 입법권을 지방에 부여해야 한다. 현대사회에서는 위의 1장 2에서 본 바와 같이 지방자치의 발달이 곧 국가의 민주성, 경제성과 효과성(효율성)을 보장할 수 있기 때문에 중앙정부는 그 권한을 과감하게 지방정부에 이양해야 한다.

중앙정부의 통제(統制)가 절제되어야 한다. 한국의 지방자치제 실시가 일천하고 분단국가라는 이유로 지방 고유의 자치사무보다 국가의 위임사무가 많고 이에 따르는 중앙정치의 통제가 많으나, 이제는 지역주민이 많이 성숙한 만큼 중앙통제 기능이 완화되고 절제되어야 한다. 이를 걸 맞는 지방자치력도 성숙해져야 한다. 과거의 인습에서 벗어나야 한다. 특히 문화, 예술 관광 등의 분야에서 창신적 노력과 개발이 필요하다. 이런 분야는 지역 간의 교류와 국제적 교류를 통해서 더욱 발전할 수 있다. 더욱이 현 지구촌 사회에 맞는 국제 교류 활동이 활성화되어야 한다. 외국 지방자치단체와의 인적·물적 교류가 활성화되어 지역교육 자원이 동태화되고 지역기업이 독창적으로 외국기업과 협업하는 생산적인 기업으로 발전할 수 있어야 한다.

마지막으로 지방선거제도의 보완의 문제가 있다. 한국은 특정정당의 독과점, 중앙정당의 극심한 개입, 과다한 선거비용, 복잡한 선거법 등으로 인해서 지방자치정치로의 진입장벽이 높다. 한국에도 지방정당이 생기고 정당의 민주화가 선결되고 선거비용의 축소 등이 이루어져야 한다.

3. 문제의 성숙한 해결점은?

주민자치정치교육이 지속적으로 이루어져야 한다. 주민에게도 자치교육이 이루어져 주민자치참여의식을 고취시키고, 단체장을 비롯한 지방의회 의원들 그리고 지방공무원들에게 자치정치교육을 통해서 주민에게 헌신하는 의식을 심어주어야 한다. 각 주민센터에 일명 '주민자치정치교육센터'를 건립하여 주민교육 프로그램을 개발하는 민주적인 주민자치정치교육을 실시해야 한다.

제2절 건전한 지방자치 발전을 위한 제안

지방자치의 건전성으로 주목되는 것은 역시 지방권력의 민주화가 필수적이며, 지방정치가 활성화되기 위해서는 지역 시민운동이 보장되고 지역시민단체와 지역 언론의 민주적 참여가 있어야 한다. 지역주민이 주민의 문제에 적극적으로 관심을 갖고 이 관심이 지방자치에 실질적인 실행으로 활성화되어야 하고 지방자치단체 스스로의 인적·물적 자원이 충족하여야 한다. 인적자원의 확보가 투명하고 재정 확보가 보장되어야 한다.

한국사회는 지연적(地緣的) 정치문화가 만연해있어 지역 갈등이 심하기 때문에 지방단체 간의 협력과 협업이 제도적으로 수립되어야 하고 분쟁이 발생하는 것을 사전에 예방하는 조정력이 필요하다. 지방자치제도가 정착하기 위해서는 중앙정부가 지방정부에 대한 재정적 지원이라는 명분으로 통제가 가중되어서는 안 된다.

1. 주민참여의 고양

헌법상의 주권재민의 정신에 입각하여 지역주민이 적극적으로 지방정부에 참여하여 지역문제를 제기하고 그 해결 과정에 참여할 수 있어야 한다. 주지하는 바와 같이 현대 민주주의는 참여민주주의, 시민민주주의, 풀뿌리 민주주의를 기반으로 하고 있다. 이러한 민주주의의 제도적, 법적 장치가 지방자치제로 등장하였다. 바로 이 지방자치제도에 참여하는 주권자로서의 주체가 바로 시민이고 주민이다. 그렇기 때문에 주민의 적극적인 실질적 참여가 있어야 지방자치제가 성장하여 주민의 문제를 스스로 제기하고 해결하고 할 수 있다. 그러므로 현대 민주주의 성장은 다양한 주민의 의식이 다양한 형태로 표출되고 구체적으로 동태화(動態化) 되어야 한다. 이때에 중요한 것은 주민이 개인의 이익을 넘어서 지역의 공적발전을 위해서 행동해야 한다. 한국사회가 급속도로 근대화, 산업화, 도시화, 서양화의 길을 걸어오면서 지역공동체 의식이 희박해지고 공적 발전에 관심이 좁아졌다. 이를 슬기롭게 극복해나가는 지역이 다른 지역보다 주민의 실질적 안정과 복리증진을 극대화할 수 있다.

2. 지자체 스스로의 인적, 물적 능력 강화

지방행정을 효율적으로 실행할 수 있는 능력 있는 지방행정가가 있어야 하며 이를 뒷받침 해주는 지방재정력이 확보되어야 한다. 전자를 위해서는 공정하고 공개적인 인사 충원과 인사교류 시스템이 마련되어야 하며, 후자의 재정력 강화는 국가와 광역지방단체의 지역 간 격차 해소를 위한 장치가 준비되어야 한다.

지방자치체의 발전을 위해서는 지자체 스스로가 효율적으로 행정을 수행할 수 있는 능력 있는 인적자원이 필요하다. 이를 위해서는 지방공직자의 자기연마를 위한 정기적인 교육연수제도의 도입과 시대 변화에 부응하는 지속적인 개선책이 필요하고 공직자의 행정 능력에 따른 공정한 평가 시스템에 의한 인사교류의 제도화가 이루어져야 한다. 해마다 지방정치인이 각종 비리에 연루되고 지방정치인의 도덕성이 문제가 되고 있다. 지역 문제에 헌신적인 인적자원의 충원은 지역주민의 지방정치에 대한 이해와 지역 인물을 보는 눈높이의 성숙도와도 연관되어 있다. 이와 더불어, 주민의 안정된 생활과 복리 증진에 필요한 시설을 갖추고 이를 뒷받침할 수 있는 재정력도 보장되어야 한다. 주민편의 시설의 확충과 주민 주거 환경보호의 예산이 확보되어야 할 것이며, 주민복지를 위한 시설과 동시에 복지설계를 위해서 필요한 전문 인력 양성을 위한 재정지원도 마련되어야 할 것이다.

3. 지방권력의 민주화가 급선무

지금까지는 대개가 중앙정치의 민주화만 논했지 지방권력의 민주화에 대해서는 논의 자체가 소홀했던 것이 한국정치의 현주소이다. 그러나 진정한 현대 민주주의인 참여민주주의는 지방권력의 민주화에 대한 논의와 노력이 필요한 시점이다. 지방권력의 민주화를 위해서는 우선 민관 협치의 로컬 거버넌스가 작동하고 지방권력 충원과정이 투명해야 한다.

1) 지방권력 형성화의 문제점

한국의 민주화는 지금까지는 주로 국가권력에 대한 수직적 통제에만 관심이 있었지 지방권력에 대한 민주화는 간과되어 왔다. 주지하는 바와 같이 한국에 지방자치제가 도입된 지 25년이 흘렀지만 권력 분립과 자치 참여와 혁신을 위한 실질적인 민과 관이 협치하는 로컬 거버넌스가 작동되지 못하고 있다.[78]

한국 지방권력의 형성은 첫째, 중앙정치의 영향이 지대하다. 지방정치 무대는 지방권력엘리트가 주도하기보다 중앙정치 권력주도의 엘리트지배에 빠져있다. 둘째는 특히 기초자치단체의 경우는 지역의 지연과 학연의 연고시스템이 작동되고 있다. 이에 따라서 지방자치제 권력구조의 핵심인 의회와 단체장의 선거가 지연과 학연의 영향을 많이 받고 있어 지방엘리트 충원이 연고중심으로 이루어지는 경우가 허다하다.

2) 지방정치 엘리트 충원의 절차적 투명성

한국 중앙정치 무대에서의 엘리트 충원이 한국의 부패 온상인 패거리 정치문화의 영향으로 소위 "자기끼리", "코드끼리"의 엘리트 충원이 이루어지기 일쑤다. 일제통치의 영향과 군부체제와 민주체제의 등장으로 이어지는 현대정치사의 격변으로 인해서 소위 식민관료, 군부관료, 민주관료가 중앙 무대를 장악하는 것을 당연한 것으로 인식하게 되었다. 그 결과 일반공직 사회는 말할 것도 없고 국가 공공기관장에서부터 심지어 일반 사기업의 현장까지 소위 "코드인사"가 난무하게 되었다. 심지어 공공기관장이나 이사, 감사 등을 공개적으로 모집공고 하고, 사전 낙점된 인물을 임명한다. 이러고 나서는 과정은 공정하고 결과는 정의롭다고 홍보하고 이를 합리화하기에 국력을 소모하고 있다. 안타까운 일이다.

이러한 결과는 시민의 정치적 무관심을 생산하고, 소위 '돈 없고 배경 없는 사람'들의 불만이 생산되고, 심지어 '유전무죄, 무전유죄'라는 아이로니컬한 사법 정의가 일상화되었다. 이런 관행에 '전관예우'라는 야릇한 도덕적 행태까지 난무하고 있다.

이제는 지방권력의 엘리트 충원에서부터 이런 못된 작동이 멈추어질 때 참다운 참여민주주의-풀뿌리 민주주의가 정착될 수 있을 것이다. 이를 위해서는 주민투표, 주민발의, 주민소환 주민소송 등의 제도적 정착이 필요하고, 그 절차가 간소화되어 소시민이 쉽게 이러한 제도적 장치에 참여할

수 있어야 한다. 아울러 실질적인 주민예산 참여, 주민배심원 제도, 주민공
론조사 등이 이루어져[79] 심의(숙의)민주주의, 전자민주주의가 활성화되어
야 한다.[80]

4. 지방자치제의 발전과 주민운동과 주민단체의 역할

지방자치제가 성공을 거두기 위해서는 주민의 적극적인 관심과 참여가
있어야 한다. 지역 주민 개개인이 참여하는 것보다는 주민들이 집합적인
주민운동의 형태로 조직적이고 체계적으로 참여한다면 지방자치는 주민
의 안전과 복지증진을 위해서 실질적으로 더욱 발전할 수 있을 것이다.

1) 주민운동의 목적

소위 시민운동, 주민운동은 국민주권(헌법 1조 참조)을 생활 속에서 실현
하는 가치를 가지고 있다. 주민운동은 지방자치단체의 주민이 공적문제를
자발적으로 해결하려는 집합적 운동이기 때문에 지역주민의 행복추구권
을 충족시키자는 당위적 가치와 주민의 복리 증진과 안전보장이라는 실사
구시의 가치를 실현하려는 가치관에 근거한다.

2) 주민운동(시민운동)의 활성화

주민운동은 지방자치의 발전에 크게 공헌할 수 있다. 지방자치단체는 지
역의 문제를 지역 주민의 권한과 책임하에 판단하고 결정하는 것이기 때문
에 지방자치는 주민의 적극적인 관심과 참여 없이는 발전할 수 없다. 지역
주민이 개인적으로 관심을 갖고 참여하는 것도 중요하지만 주민이 단체를

통해서 조직적이고 체계적으로 관심을 갖고 참여하는 것이 보다 더 효과적일 수 있다. 그렇기 때문에 지역 안에 주민을 대표할 수 있는 합법적인 각종 이익단체(또는 압력단체)가 조성되어 주민운동을 할 수 있어야 한다. 이때 주의해야 할 것은 이익단체가 자신들의 특수이익만을 주장하여 공공이익을 해치거나 정책 결정에 혼선을 초래하는 일은 없어야 한다.

3) 주민운동의 과제

주민운동의 건설적 발전을 결정하는 것은 주민의 성숙한 민주의식, 주민운동을 하는 주민단체의 능력 그리고 지방자치단체(단체장과 지방의회와 지방의원)의 태도에 달렸다. 이상의 과제들은 상호 연대적 관계에 있기 때문에 융합적 접근으로 해결해나가야 한다. 이상의 과제 해결을 위해서는 다음 사항에 주목하여야 한다.

첫째, 주민의식은 한국사회의 전체적인 민주화 수준과 연계되어 있다. 주민운동의 민주화와 한국사회의 민주화는 상호 보완관계에 있다. 둘째, 한국사회에 무소불위로 전개되는 집단이기주의를 극복하는 데 있다. 집단이기주의가 지역이기주의를 가져와서는 안 된다. 특히 지방이익단체가 자신들의 특수 목적만을 위해서 공공의 이익을 해치는 일은 바람직하지 않다. 셋째, 한국사회에 팽배되어 있는 이념 논리가 지역에서만이라도 순화되어야 한다. 민족분단을 빌미로 지역문제에 이르기까지도 이데올로기의 함정에 빠지면 안 된다. 끝으로 주민운동이 중앙정치의 전유물이 되어서는 더욱 안 된다.

5. 지방자치단체의 발전과 지방언론의 관계 활성화

언론을 무관(無冠)의 제왕으로 부르기도 하고 제4부로 인식되기도 한다. 언론은 자유민주주의 체제하에서는 권력기관과 주권의 주체인 국민과의 원활한 소통을 책임지고, 이를 통해서 권력기관의 독단적 정책결정을 지적하고 공개적 비판을 할 수 있는 기관이 언론이기 때문에 소위 제4부로까지 자리매김하고 있다.

요즘의 정치체제와는 다르지만 조선조 시대에도 국가와 백성을 위한 권부의 언로정책을 중시한 율곡 이이(栗谷 李珥)가 있었다. 그는 성리학자로서 보국안민(輔國安民)을 중시한 정치가요 교육자였다. 율곡은 보국위민(輔國爲民)의 기본으로 언로의 활성화를 주창하였다. 즉 "언로가 열리느냐 닫히느냐에 따라서 국가의 흥망이 달려 있다."고 하였다. 이런 관점 때문에 율곡 이이를 조선조 최고의 언론인으로 평가하기도 한다.[81] 이런 율곡 이이의 언로관은 당대의 한국언론기관과 언론인이 심각하게 응답하고 반성하여야 할 것이다.

1) 언론의 자유, 표현의 자유: 반성적 고찰

헌법이 보장하고 있는 "언론의 자유"와 "표현의 자유"라는 명분으로 언론은 주권자인 시민(주민)의 알 권리, 그리고 시민의 말할 권리를 대행하고 있다. 그렇기 때문에 현대사회에서 언론-언론 매체는 시민(주민)의 대변인으로서의 무한의 사회적 책임도 지고 있는 것이다. 권부를 감독하고 비판하여 주권자의 자유와 재산을 보존하라는 무거운 책임감이 있기 때문에 무관의 제왕이니 권력 4부로 칭해진다. 그런데도 한국의 언론은 힘 있는 자들을 보호하고 대변하는 기관 또는 국가권력 3부(입법부, 행정부, 사법부)

의 아류 등등으로 인식되는 경우도 있어 안타깝다. 이에 편승하여 언론인은 헌법이 국민의 기본권으로 보장하고 있는 "언론의 자유," "표현의 자유"라는 이름으로 무소불위의 권력을 남용하는 경우가 허다하다. 정언유착(政言癒着)뿐만 아니라 재벌과 언론의 유착도 상시 작동하고 있다. 그 결과 언론인은 퇴임 후에는 정계, 관계, 재계 및 교육계 등등 모든 기관에서 상당한 로비스트로 활동하고 있는 실정이다.

2) 지방언론의 자율성 보장

중앙정치가 지방정치에 개입하고 있는 바와 같이 중앙언론은 지방언론보다 활성화되어 있는 것이 현실이다. 물론 중앙언론기관도 지방 지역주민의 복지증진과 안정보장을 위해서 전국적인 차원에서 지방권력을 견제하고 비판해야 하지만 지역사정을 잘 알고 있는 지방언론이 보다 활성화되어야 한다. 지방언론은 지방정치의 과제를 파악하여 지역정책에 반영되도록 하고 지역주민의 생활정치가 발전할 수 있도록 지역문제를 집중적으로 탐색하고 지방정부의 권력남용을 비판하는 무한한 사회적 책임을 다하는 노력을 해야 한다.

지역의 정치현상이나 경제문제뿐만 아니라 지역의 역사와 문화를 발전시키고 더불어 재발견하고 지역고유의 학교 교육과정도 개발하는 등의 노력이 절실하다. 요즘 한국사회는 지방자치단체의 발전과 동행하여 수없이 많은 지역 언론이 설립되었다. 각종 신문매체가 일간지로, 주간지로 또는 순간지 내지는 월간지와 계간지로 발행되고 방송매체도 다양하다. 이런 실황은 바람직하다고 본다. 그러나 언론의 완장을 차고 지역주민을 괴롭히던 과거 일제의 잔재나 군부정치체제의 잔영은 청산되어야 한다.

이를 위해서 지역 언론을 위한 지속적인 교육연수 프로그램이 창출 생산되어야 할 것이다. 지역주민으로부터 존경받는 지역 언론 전문가로서의 전문성이 교육되고 언론인으로서의 수기치인(修己治人)의 교양과 지역의 전통과 역사를 인식하는 기본소양교육이 이루어져야 한다. 이러한 경비는 물론 지방자치단체가 부담할 수 있도록 예산이 편성되어야 할 것이다. 이 결과는 지역 언론의 자율성 보장으로 승화될 것이다.

6. 지방자치단체 간의 협력 관계

지방자치법 147조에서는 '지방자치단체는 다른 지방단체로부터 사무의 공동처리에 관한 요청이나 사무처리에 관한 협의·조정·승인 또는 지원의 요청이 있는 때에는 법령의 범위 안에서 이에 협력하여야 한다.'라고 규정하고 있어 기존 지방자치단체의 경계를 넘어 발생하는 문제에 대해서는 서로 협력하여 관할구역을 넘어서 발생한 행정수요를 처리할 수 있다. 또한, 지방자치단체 간에는 분쟁이 발생할 수도 있다. 분쟁이 발생하는 것을 방지하기 위해서 조정위원회제도를 도입하고 있다(지방자치법 제148조와 제149조 참조). 이러한 협력과 분쟁조정이 지역주민과 동행하여 전개되어야 한다.

1) 협력을 위한 광역행정의 방식

지방자치법 제147조의 규정에 의해서 발생한 행정수요의 행정처리 방식이 광역행정(廣域行政)이다. 이에는 사무위탁 방식과 행정협의회 방식 등이 있다. 한편 다른 지자체와 공동으로 처리할 사무가 필요할 때는 단체장

들 간에 또는 지방의회 의장들 간에 협의체를 구성하여 사무를 처리할 수 있다.

가. 사무위탁 방식

지방자치법 제151조에 따라서 지방자치단체나 그 장은 소관사무의 일부를 다른 지방자치단체 또는 그 장에게 위탁하여 처리하게 할 수 있다. 이런 경우 지방자치단체의 장은 사무위탁의 당사자가 시·도 또는 그 장인 경우에는 행정안전부 장관 및 관계 중앙행정기관의 장에게, 시·군 및 자치구 또는 장인 경우에는 시·도지사에게 이를 보고해야 한다.

나. 행정협의회 구성

지방자치법 제152조 1항에 의거하여 지방자치단체는 2개 이상의 지방자치단체에 관련된 사무의 일부를 공동으로 처리하기 위해서 관계 지방단체 간에 행정협의회를 구성한다. 이때에는 사정협의, 협의회 규약작성과 지방의회 의결, 고시, 상급기관에 대한 보고의 절차를 거쳐야 한다. 상급기관에의 보고는 시·도는 중앙부처에 보고하고 시·군·구는 시·도에 보고한다.

다. 광역행정을 위한 단체장(長) 또는 지방의회 의장의 협의체 구성 및 지자체 조합설립

지방자치법 제165조 1항에 의거하여 지방자치단체의 장 또는 지방의회 의장은 상호 간의 교류와 협력을 증진하고 공동의 문제를 협의하기 위해 시·도지사, 시·도 의회의장, 시장·군수·자치구의 구청장, 시·군·구 자치구 의회의 의장에 의한 전국적인 협의회를 설립할 수 있다. 또한 지방자치단체 조합은 지방자치법 제159조를 근거로 2개 이상의 지방자치단체에서 하나 또는 둘 이상의 사무를 공동으로 처리할 필요가 있을 때 지방자치단체 간 규약을 정한 후, 지방의회의 의결을 거쳐 승인을 받아 조합을 설립할 수 있다.

2) 지방자치단체 간의 분쟁 해결 방안

지방자치단체 간의 분쟁이 발생했을 때는 일반적으로 조정위원회에서 분쟁을 조정한다. 지자체의 분쟁조정위원회 또는 중앙분쟁조정위원회의 의결을 거친다. 환경오염분쟁은 중앙과 지방의 환경분쟁위원회의 조정을 받고, 지자체 간의 쟁의는 헌법재판소의 심판을 받는다.

지방자치단체 상호간 또는 지방자치단체장 간에 분쟁이 발생했을 때에 시·도 또는 그 장이 당사자인 때에는 행정안전부 장관이 그리고 시·군·자치구 또는 그 장이 당사자인 때는 시·도지사가 당사자의 신청에 의해서 조정한다. 그러나 분쟁이 공익을 현저히 저해해서 조속한 조정이 필요한 때에는 당사자의 신청 없이 직권으로 조정할 수 있다(자방자치법 제148조 1항). 행안부 장관 또는 시·도지사가 분쟁을 조정할 때는 관계 중앙행정기관의 장과 협의하여 지방자치단체 분쟁조정위원회의 의결에 따라 조정한다(지방자치법 제148조 3항). 지방자치법 제149조에 의해서 중앙분쟁조정위원회를 둔다. 이는 시·도 간, 시·도를 달리하는 시·군·자치구 간의 또는 시·도와 시·군 및 자치구 간의 분쟁조정과 공유수면 매립지 등 신규토지의 관할 지방자치단체 결정 등을 주요 기능으로 한다.

그 외에 환경오염의 분쟁을 조정하기 위해서 환경부에 중앙환경분쟁조정위원회, 시·도에는 지방환경분쟁조정위원회를 둔다(환경분쟁조정법

제4조와 제30조 참조). 지방자치단체 상호간의 권한쟁의에 관한 심판은 헌법재판소가 관장한다(헌법 제111조 1항의 4와 헌법재판소법 제62조 참조).

7. 국가와 지방단체간의 건설적 관계설정

참여민주주의-풀뿌리 민주주의가 발달한 국가일수록 중앙정부와 지방정부 간의 관계는 수평적 관계를 유지한다. 그러나 지방행정서비스는 지방재정력에 의존할 수밖에 없는 데 지방자치단체 간의 재정력에 차이가 크기 때문에 국민적 최저 수준의 행정서비스를 제공하기 위해서는 국가의 통제와 지원이 필요하다. 이를 통해서 국가이익과 지방이익 간의 이익조정이 되고 지역 간 불균형 발전을 해소할 수 있다.

1) 최소한의 국가적 통제

진정한 주권재민의 헌법적 원리는 정치적 목적을 위한 정당의 독단이나 제왕적 통치자의 간섭이 심화된 전 근대적 중앙통제는 배제되어야 한다. 국가적 통제와 지원은 주민자치를 지원하는 차원이 우선이어야 하고 절차적 민주주의 원리가 철저하게 준수되어야 한다. 절차는 주민참여가 공평, 공정하고 정의로운 과정이어야지 미리 준비된 결과를 도출하기 위한 과정이어서는 안 된다. 국가적 통제는 주민자치를 돕는 차원에서 최소화되어야 한다. 재정적 지원에 따른 감독은 철저히 이루어져야 한다. 이를 위해서는 국가 지원 예산 집행과정을 체크하는 국가시스템에 의한 통일된 전자 시스템을 도입하여 공개적이고 주기적인 예산 집행의 과정과 결과를 체계적으로 관리해야 할 것이다.

2) 공청회와 주민투표의 제도화

국가 전체의 이익에 관한 국방, 외교 등에 대해서는 국책사업으로 추진하되 지방정부와 상충할 때는 사전 예고된 법령에 의해서 조정되어야 한다. 이때 법령은 국회의 다수결이나 정부의 독단적 결정에 의지하는 법령이 아니라 각 지방자치단체 간의 이익을 위해서 충분한 논의를 거친 법령에 의해야 한다. 이때 필요한 과정이 공청회와 주민투표가 동시에 폭넓게 실행되어야 한다.

제7장 지방자치의 사례연구-주민자치회를 중심으로

풀뿌리 민주주의 실제적인 사례로서 읍·면·동에서 실시하고 있는 주민자치회 중에서 서울특별시의 동작구 흑석동에서 실시하고 있는 주민자치회의 운영 실상을 소개하고자 한다.

제1절 주민자치회란?

1. 개념

일반적으로 주민자치회(住民自治會)는 시·군·자치구의 조례에 따라서 주민의 편의와 복리를 증진하고 주민자치기능을 강화하여 지역공동체 형성에 기여하도록 하기 위해서 주민이 이용할 수 있도록 읍·면·동에 설치된 각종 문화, 복지, 편익시설과 그 프로그램들을 총칭하는 말이다.[82] 동작구 조례에서는 〈주민자치회〉란 풀뿌리 자치활성화와 민주적 참여의식 고양을 위해서 '동(洞)에 설치되고 주민을 대표하여 주민자치와 민관 협력에 관한 사항을 수행하는 조직'을 말한다.[83]

주민자치회는 시·군·자치구의 조례와 이에 따른 읍·면·동의 주민자치회의 세칙에 따라서 지역의 특성에 맞는 다양한 기능을 가지고 있다. ① 지역문제 토의, 마을 환경 가꾸기, 자율적인 방재활동 등의 주민자치 기능,

② 지역문화 행사, 전시회, 생활체육 활동, 건강증진, 마을문고, 청소년공부방 등의 지역복지활동, ③ 회의장, 알뜰 매장, 생활정보제공 등 주민편익 기능, ④ 평생교육, 교양강좌, 청소년교실 등 시민교육, ⑤ 내 집 앞 청소하기, 불우이웃돕기, 청소년 지도 등 지역사회진흥 기능 등이 있다.[84]

제2절 서울특별시 동작구 흑석동 주민자치회 운영 실제

1. 동작구 주민자치회 설치 · 운영 조례 내용

〈지방자치분권 및 지방행정체제개편에 관한 특별법〉 제27조 및 제29조는 풀뿌리 자치활성화와 민주적 참여의식 고양을 위하여 동(흑석동)에 두는 주민자치회의 설치 · 운영에 관한 사항을 규정함을 목적으로 하고 있다.[85] 주민자치회의 설치와 기능 및 정원은 아래와 같다.[86]

기능으로는 ① 주민들의 일상생활과 밀접한 지역문제를 해결하기 위하여 자치계획 등을 세우고 이를 자체적으로 이행하는 업무, ② 주민들 스스로 처리하기 곤란한 지역문제를 해결하기 위하여 구(區)에 개선을 건의하거나 그 개선을 위하여 구와 협의하는 업무, ③ 동 행정기능 중 자치회관의 운영 등 주민의 권리제한 또는 의무부과와 직접 관련되지 아니하는 업무의 수탁처리, ④ 주민자치회의 자율적인 조직과 운영을 위한 업무, ⑤ 그 밖의 주민의 자치소양 강화를 위한 교육 운영 등 위 각호에 준하는 것으로 자치활성화와 민관협력 강화를 위한 필요한 업무 등이 있다. 주민자치회의 위원은 50명 이내로 구성한다. 다만, 구청장은 동별 인구수 등을 감안하여 정원을 증원할 수 있다.

1) 주민자치회의 위원 및 주민자치회의 운영

주민자치회는 위원선정관리위원회, 위원의 자격, 그 위촉, 위원의 의무 및 해촉[87] 등의 규정을 두고 있다. 주민자치회 운영의 원칙(제13조)은 아래와 같은 규정을 두고 있다. ① 주민자치회는 주민의 참여를 보장하고 지역 공동체의 형성을 촉진하여 주민이 스스로 지역을 꾸려나가도록 자치활동을 진흥하여야 한다. ② 각 동마다 독립하여 자율적으로 운영되어야 한다. ③ 정치적인 목적으로 활용되어서는 안 된다.

주민자치 기구에는 주민자치회를 대표하는 장을 비롯해서 분과위원회를 두어서 활동하고 있다.[88] 장은 위원 중에서 호선하며 주민자치회를 대표하며, 주민자치회의 업무를 총괄한다. 감사는 회계와 사업진행을 감사하며, 감사결과를 구청장에게 보고하고 홈페이지 게재 등의 방법으로 공개하여야 한다. 간사 및 자원봉사자는 사무처리를 하고 업무량과 근무시간을 고려하여 예산의 범위 내에서 실비 및 수당을 지급할 수 있다. 분과위원회는 주민자치회 활동을 강화하고 주민의 참여를 확대하기 위하여 분과위원회를 둘 수 있다. 회의는 주민자치회와 분과위원회는 매월 1회 개최하고 필요시 임시회의 개최가 가능하다. 주민총회에서는 ① 주민자치회의 활동 평가, ② 자치계획의 결정, ③ 주민참여 예산 사업의 제안 등, ④ 기타 지역현안, 주민자치, 민관협력 등에 관한 사항의 보고와 결정과 같은 사항을 결정한다.

2) 지방자치단체와의 관계

"구청장은 주민자치회 구성원의 의욕고취, 역량강화 등을 위하여 교육 등 필요한 시책을 수립·시행하여야 한다."(위의 조례 제22조)는 강제규정을 두고 있다.[89] 그러나 이를 위해서 "구청장은 주민자치회가 그 기능을 수행하기 위해서 필요한 인력지원 및 공간지원 등 행정적, 재정적 지원을 할 수 있다."는 임의 규정을 두고 있다. 이는 위의 강제규정과는 상호 모순된다고 본다.

주민자치회는 관계기관에 협조를 요청할 수 있으며 구청장은 주민자치회의 요청을 최대한 존중하여야 하고, 관계 공무원으로 하여금 주민자치회에 그 사유를 설명하도록 하고 있다(조례 제23조).[90] 한편, 구청장은 교육, 자치계획 수립 등 주민자치회의 운영을 위한 지원조직을 둘 수 있는 데 구청장이 필요할 때는 지원조직의 운영을 법인 또는 단체 등에 위탁(委託)할 수 있도록 규정하고 있다. 이런 규정 등으로 인해서 주민자치회의 운영이 구청장에게 종속되어있는 상황이다. 결국 풀뿌리 민주주의를 지향한다는 주민자치회조차도 한국이 오랫동안 가지고 있는 관료주의적이고 권위주의인 전근대적인 병리적 조직행태를 벗어나지 못하고 있음을 알 수 있다.

2. 흑석동 주민자치회의 실제운영 실태

1) 흑석동 주민자치회

흑석동 주민자치회는 흑석동 지역사회 주민대표기구로서 흑석동 주민들의 자치활동을 지원하고 운영, 자치계획수립 및 실행, 시민참여예산 및 주민세 사업선정 행정사무 위탁 운영 등을 통해 실질적 주민자치를 계획하고 실행하는 권한과 역할을 갖는다.[91] 흑석동 주민자치회의 목표는 "마을주민과 함께 행복해지는 주민자치회를 목표로 주민대표성과 의사결정의 민주성을 통한 자치계획의 실현"에 있다.[92] 자치위원은 50명이고, 회장, 부회장 각 1명, 감사 2명 그리고 간사 1명이고, 분과는 5개 분과로서 꿈담터 분과, 문예체 분과, 나눔과 베품 분과, 소나무 분과 그리고 홍기사 분과가 있다.[93]

[94]

⟨2021년 각 분과의 활동내용⟩
① 꿈담터 분과 활동
a. 나는 교통안정지킴대장(어린이교통사고 제로를 위한 교통안전체험교육)
b. 지켜줄켓 플리마켓
② 소나무 분과
a. 흑석동 주민알림판 설치운영
b. 쾌적한 보행길, 즐겁게 올라가는 계단 조성
③ 문예체 분과
a. 유휴공간을 활용한 "흑석동 저녁이 있는 문화"
④ 나눔과 베품 분과
a. 내 생애 최고의 인생샷
b. 친환경 활동가 양성을 통한 "우리 마을 재생 프로젝트"
⑤ 홍기사 분과
a. 나도 우리 농네 분화유산 역사해설가.

⟨흑석동 주민자치회 사업⟩		
의제 사업명	제안분과	예산(단위/천원)
1. 까망돌 소통 소식지	홍기사	3,400
2. 까망돌 힐링 버스킹데이	홍기사	6,600
3. 함께 배우는 까망돌 배움터	사무국연합	5,000

4. 존중과 배려로 모두가 즐거운 "서로가치놀이터"	꿈담터	2,000
5. 가족끼리 런닝맨	꿈담터	5,000
6. 지켜줄켓 플리마켓 시즌2	꿈담터	8,000
7. 까망돌 사랑의 반찬나눔	나눔과 베품	5,000
8. 환경up, 건강up, 클린데이 캠페인	나눔과 베품	2,000
9. 함께 걸어요: 흑석동 둘레길 걷기	문예체	6,000
10. 함께 해요: Re&Up 사이클링	소나무	7,000

*2022년 의제개발비 총 17,004,000원

제2편

동아시아의 지방자치제 연구

제1장 일본의 지방자치

정시구(선학유피대학원대학교 교수)

제1절 일본의 중앙-지방 관계 유형

중앙지방관계의 유형은 영미계와 유럽대륙계라고 하는 크게 2가지 방식으로 구분할 수 있다. 즉, 영미계는 중앙에 의한 지방지배가 전통적으로 약하기 때문에 '분권형'이며, 중앙과 지방 간의 사무배분이 명확하다는 의미에서 '분리형'이다. 이에 반해 유럽대륙계는 중앙에 의한 지방지배가 전통적으로 강하기 때문에 '집권형'이며, 중앙과 지방 간의 사무배분이 불확실하다는 의미에서 '융합형'이다.

이러한 관점에서 일본의 지방자치는 지방지배와 사무배분 관계에서 볼 때 영미계의 분권형과 분리형이 아니라 유럽대륙계의 집권형과 융합형의 영향을 받고 있다. 분권형과 집권형은 역사적으로 볼 때 중앙에 의한 지방지배가 강한가와 약한가에 의해 결정된다. 영국의 경우, 국왕과 봉건제후 간에 그렇게 격한 대립을 거치지 않고 국가통일이 달성되었기 때문에 중앙이 엄격하게 지방을 지배할 필요가 없었다. 또한 비교적 빠른 시기에 의회를 가진 광역자치단체가 되었을 뿐만이 아니라, 자연히 약한 지방지배로 기초지방자치단체인 시정촌(市町村)의 권한은 경찰권이 인정될 정도로 대폭적으로 이양되었다.

이에 대하여 유럽대륙계의 프랑스의 경우, 국가통일의 과정에서 국왕과 봉건제후 간에 격렬하게 대립하였다. 여기에서 중앙의 국왕은 봉건제후의 영지 경계를 무시하고 인위적으로 행정구역을 설치, 강력한 지방의 하청기구를 설치할 수밖에 없었다. 더욱이 지방단체의 지배력이 강하였기 때문에 지방단체로서의 지위가 인정된 시정촌의 권한도 강하게 억제되고 경찰권은 국가에 유보되었다. 그리고 대혁명 이후 나폴레옹 시대의 인위적 행정구역이 도이며, 관선지사에 의해 도행정이 실행되었다. 프랑스 도의 집행권이 도의회의장에 이양된 완전한 지방자치단체라고 할 수 있는 시기는 1982년이었다.

분리형과 융합형의 구별은 기본적으로 중앙과 지방자치단체 간의 혹은 광역자치단체와 기초자치단체 간의 사무배분이 엄격한 기준에 의한 것이다. 분리형의 경우, 지방자치단체에 사무권한을 이양할 때 구체적인 권한을 나타내는 '제한적 열거방식'을 사용한다. 즉, 이양하지 않은 권한의 행사는 명확히 인식해야 한다. 만약 이양되지 않은 권한을 행사할 경우, 월권행위로서의 소송의 대상이 될 수 있다. 소송을 통해 월권이 확정되면 그 행위는 무효가 된다.

한편, 융합형의 경우, 이양해야 할 사무권한을 개별적으로 명시하지 않고 비교적 광범위한 영역을 가지는데 이러한 것을 '개괄적 예시방식'이라고 한다. 따라서 중앙과 지방자치단체 또는 지방자치단체 상호 간의 사무에 중복 부분이 발생할 수 있다. 그러므로 동일한 지역에서 중앙정부·광역자치단체·기초자치단체에 의하여 동일한 서비스가 제공될 가능성이 있다.

이러한 이양방식의 차이점과 함께 현지 집행의 방식과 내정총괄부처의 유무 정도에 의하여 분리형과 융합형으로 구분할 수 있다. 먼저 분리형은 중앙정부와 지방자치단체 각각의 권한이 명확히 정해진 결과로서 중앙정부와 광역자치단체에 의한 현지집행은 직임(출선) 기관에 의한 자체적으로 실행하는 경향이 있다. 이에 비해 융합형은 기초자치단체에 위임하는 일이 많은 경향이 있다.

또한 융합형에서는 내무성에 내정의 총괄부처가 설치되어 여기서 파견된 관선지사가 일원적으로 지방자치단체에 대한 통제를 한다. 이에 비해 분리형에서는 내정총괄부처는 볼 수 없다. 본래 분리형에서는 이양 시의 입법적 통제와 월권판정 시 사법적 통제를 통하여 지방자치단체 통제의 기본으로 하고 있지만 사무집행 시의 행정적 통제도 전혀 없지는 않고, 그에 해당하는 행정통제는 각 성청에서 개별적으로 실행되는 경향이 있다.[95]

제2절 일본 지방자치제도의 역사

1. 전전(戰前) 지방자치제도

현재의 일본의 지방자치제도의 골격인 부(府)와 현(県)은 1868년의 메이지유신의 신정부로부터 기원한다. 막부와의 전쟁 중 취득한 구 막부령의 요지를 부(府), 기타를 현(県)으로 하였다. 1869년(메이지 2년)의 판적봉환(版籍奉還)[96]에 따라 구 번주를 구 영지의 지번사(知藩事)로 임명했다가

1871년에 폐번치현(廢藩置県)하면서 번을 폐지하고 현을 설치하였다. 그리하여 전국을 부현으로 나누고 국가의 관리를 부지사, 현령으로 임명하여 중앙집권체제를 갖추었다.[97] 1888년(메이지 21년) 삼신법(군구정촌 편제법, 부현회규칙, 지방세규칙), 1890년의 구정촌회법(區町村會法), 1898년의 시제(市制)·정촌제(町村制), 1900년의 부현제·군제(府県制·君制)로 진행되었다.

메이지시대의 지방자치제는 국가의 기반을 공고히 하는 것이라고 표방하였다. 그러나 실상은 1858년 미국과의 불공정한 수호조약체결 이후 프랑스, 영국, 네덜란드, 러시아 등과 치외법권 등을 인정하는 불공정한 조약을 유리하게 개정하기 위한 것이다. 이를 개정하기 위하여 1883년부터 노력하였으나 일본의 법률과 정치제도의 후진성을 이유로 서구 열강이 거부하여 사실상 반식민지 종속상태를 탈피하지 못하였다.

일본의 법률과 정치제도를 유럽 수준으로 끌어올리기 위한 노력 중의 하나로서 국가의 기초로서 국민이 지방자치의 운영에 참여하는 지방자치단체를 내세웠다. 즉, 1889년 메이지헌법 시행을 앞두고 지방자치가 국민을 훈련하는 장으로 국정을 담당하는 유능한 인재를 양육하는 것과 중앙정국의 파문이 지방에 확대되는 것을 막아주는 역할을 한다는 것을 강조하였다. 실제는 종래의 농촌사회의 인보공동(隣保共同) 정신이나 인보단결의 관행을 강조하여 국가의 관치적·후견적 감독 기능이 강하였다. 메이지헌법 76개 조문에는 지방자치에 관한 규정이 없었으므로 지방자치는 헌법과는 무관한 제도였다.[98]

일본이라는 국가가 자본주의라는 토대 위에서 건립되면서 제국주의적인 팽창을 본격적으로 시작한 시기에 '부현제·군제의 개정'(1899)과 '시정촌제의 개정'(1911)이 있었다. 여기서 부현제·군제의 가장 큰 의미는 부현군과 시정촌의 정치적 분리이며, 이것은 공동체 간의 분쟁으로 안정되지 않은 시정촌 정치의 영향력이 정부의 조직인 부현군에 파급되지 않기 위한 것이라고 평가할 수 있다. 또 다른 한편으로는 중앙정부에서 시정촌에 이르기까지 감독과 통제를 위한 조직적 정비와 행정기관을 통한 철저한 감독과 통제를 위한 목적이 있었던 것이다. 따라서 일본 정부는 지방의 공동체를 해체하여 행정적 단위화로 통치에 원활화를 위하기보다는 지방 공동체와 주민들의 공동체 의식을 적절히 활용하여 통치정책을 취하고자 했던 것으로 볼 수 있다.[99]

2. 전후(戰後) 지방자치제도

패전 이후 일본은 사회 전반적으로 전전 체제를 폐지하고 1945년 9월의 '일본점령 및 관리를 위한 연합국 최고사령관에 대한 항복 후의 초기 기본지령'에서 밝힌 군국주의와 초국가주의 배제, 일본의 전쟁수행능력 배제, 일본의 자유주의적 정치경향 장려 등을 골자로 하는 일본 사회의 전반적인 개혁을 예고하였다. 이에 따라 1946년 9월에 개정된 지방제도의 심의 과정에서는 새롭게 제정될 헌법의 정신을 기초로 하려는 시도와 지방 자치제도의 확립을 염두에 둔 논의가 전개되었고 1947년 4월에는 전전의 지방제도와는 전혀 체계가 다른 지방자치제도를 제정하였다.[100]

이 당시 연합국 총사령부는 일본의 민주화 정책의 일환으로 지방공공 단체의 장을 주민이 직접선거로 선출한다는 규정을 헌법에 명시하게 함으로써 일본의 민주화에 대한 강력한 의지를 보였다. 이 규정은 일본 지방자치의 기본적 원칙이 되었고 이를 토대로 일본 지방자치제도를 수립하지 않으면 안 되었다. 그렇지만 일본정부는 주민이 직접 선출한 부현지사가 중앙정부로부터 완전히 독립하여 자치행정을 운영하는 것까지는 인정하려 하지 않았다. 일본 정부는 지방자치제도 수립에 있어서는 '철저한 민주화'에서 '적당한 민주화'로 전환하는 태도를 보였다는 것을 알 수 있다.

결과적으로 1946년의 지방제도 개정 과정에서 나타난 논쟁의 내용과 1947년 지방자치법의 제정과정에 나타난 논쟁이 중앙정부의 지방행정에 대한 관여를 지속함으로써 커다란 차이를 보이지 않았다. 실제로 도도부현(都道府県) 사무의 8할이 국정사무이고 그 국정사무는 중앙의 각 성청과 관련이 있었다. 이러한 사무를 수행하는 도도부현 지사의 직무 수행 태도는 단순하게 해당 도도부현의 이해뿐만 아니라 국정에 중대한 영향을 미치기 때문에 중앙정부는 반드시 공정하고 적절하게 집행해야 한다는 것이었다.[101]

1947년에 제정된 지방자치법은 그 이후 몇 번의 개정되는 과정을 거쳤지만 '분권화'의 커다란 틀에 대해서는 손을 대지 않았다. 현행 일본헌법은 제8장에 지방자치에 관한 규정을 두고 있다. 제2차 세계대전 이후 연합국 측의 요구로 메이지헌법을 폐기하고 평화헌법을 만들면서 지방분권주의의 길을 열었다. 지방자치단체의 조직 및 운영을 지방자치의 본지(本旨)에 입각해서 법률로 정하게 하는 제92조에서부터 제95조까지의 규정에 의하여 헌법을 개정하지 않는 한 국가의 법률로도 지방자치단체를 폐지하거나 의회가 집행기관의 장을 선출하는 행위를 할 수 없다. 제92조에서는 지방자치단체와 주민자치를 규정하고, 제93조에서는 주민자치의 관점에서 의회의 설치와 의회의원 및 집행기관의 장의 직접 공선을 규정하고 있다. 제94조에서는 지방자치단체의 관점에서 지방자치단체에 행정권을 부여하는 것과 법률 범위 내에서 자치입법권을 부여하고 있다. 제95조는 특정 지방자치단체에만 적용되는 특별법을 제정할 때에 주민투표를 요구하는 규정이다.[102]

그러나 역코스 시대라고 할 수 있는 1956년에 일본의 지방자치법은 대폭적으로 개정되었는데, 이 당시 일본 정부의 제도 개정은 '민주화' '분권화'에서 '능률화' '중앙 집권화'에 초점을 맞추었다는 점이다. 경찰제도의 개정과 교육제도도 이러한 흐름 속에서 개정되었고 같은 흐름 속에서 지방자치법도 개정되어 지방자치제도의 성격도 마찬가지라는 것이다. 1955년의 지방자치법 개정 시도와 1956년 지방자치법 개정에서 보여지는 지방자치제도의 성격은 도도부현과 시정촌의 성격을 이중화하여 동등한 지위가 아닌 서열화를 명확하게 하고 중앙정부의 지방자치단체에 대한 통제를 가능하게 하는 규정을 신설하였다. 이로써 일본의 지방자치는 '지방분권적'이라기보다는 '중앙집권적' 성격이 강한 것으로 변화하였던 것이다. 그렇지만 한편으로는 시정촌의 자치적 성격을 인정하며 강력하고 직접적인 통제까지는 이르지 못한 점이다.[103]

현행 일본 지방자치법 제1조의 3에 의하면, 지방자치단체는 보통지방자치단체와 특별지방자치단체로 구분하며, 보통지방자치단체는 도도부현 및 시정촌으로 하고, 특별지방자치단체는 특별구, 지방자치단체 조합 및 재산구(財産區)[104]로 한다. 여기서 일본의 보통지방자치단체는 도도부현과 시정촌의 2계층 구조로 되어 있다. 이것은 한국의 특별시, 광역시, 도(광역자치단체)와 시·군·구(기초자치단체)의 2계층 구조와 유사하다. 일본의 홋카이도만 별도로 도(道)로 하고 있다. 이것은 한국의 제주특별자치도에 비견될 수 있다. 2016년 1월 1일 현재 일본의 도도부현의 수는 47개이고,

시정촌의 수는 1999년 4월 1일 기준으로 3,229개에서 1,718개로 감소되었다. 산이 많은 지형을 감안하더라도 인구 1,000명 미만의 정촌이 28개이고, 1,000명 이상 5,000명 미만의 정촌이 222개나 되는데, 인구 5,000명의 나이별 분류와 직업 등을 감안하면 인구 5,000명 미만의 정촌은 대의기구 구성도 어려울 수 있다. 일본은 인구 5,000명 미만의 대의기구 구성이 어렵다는 점을 감안하여 지방자치법 제94조는 조례로 지방의회의 구성 대신 선거권자의 총회를 구성할 수 있도록 하고 있다.[105]

제3절 일본 지방의 입법권, 조직권, 재정권

1. 입법권(조례와 규칙)

일본 헌법 제8장 제92조에는 지방자치단체의 조직 및 운영에 관한 사항은 지방자치의 본지에 의하여 법률로 정한다. 제93조에는 지방자치단체는 법률에 의하여 의회를 설치하며 지방자치단체의 장, 지방의회 의원 및 법률이 정한 그 밖의 공무원은 그 지방자치단체의 주민이 직접 선출한다. 제94조에는 법률의 범위 내에서 조례제정을 규정하고 있다. 일본 지방의회의 권한은 조례제정권, 조례발안 의결권,[106] 예산심의 의결권,[107] 조사권과 검사권, 감시청구권, 단체장 불신임권[108] 등이 있다.

일본 지방자치단체의 입법 형식으로 조례와 규칙이 있다. 조례는 지방의회가 그 의결에 따라 해당 지방자치단체의 사무에 관하여 제정하는 것이고, 규칙은 지방자치단체의 장이 그 권한에 속하는 사무에 관하여 제정한다. 지방자치단체는 법령에 위반하지 아니하는 한 제2조 제2항[109]의 사무에 관하여 조례를 제정할 수 있다(동법 제14조 1항). 즉, 지역사무와 법령수탁 사무를 처리하므로 그에 관한 조례를 제정할 수 있다. 지방자치단체는 의무를 부과하거나 권리를 제한하려면, 법령에 특별히 정하는 것을 제외하고, 조례에 의하여야 한다고 규정하고 있다(동법 제14조 2항). 지방자치단체는 법령에 특별히 정하고 있는 것을 제외하고, 조례를 위반한 자에 대하여 2년 이하의 징역 또는 금고, 100만 엔 이하의 벌금, 구류, 과료(科料) 또는 몰수형 또는 5만 엔 이하의 과료(過料)를 과하는 취지의 규정을 조례에 둘 수 있다(동조 3항). 지방자치단체의 장은 법령에 위반하지 않는 한 그 권한에 속하는 사무에 관하여 규칙을 제정할 수 있고(동법 제15조 1항) 법령에 특별히 규정하고 있은 것을 제외하고, 규칙을 위반한 자에 대하여 5만 엔 이하의 과료(過料)를 과하는 취지의 규정을 규칙에 둘 수 있다(동조 2항).

지방의회의원이나 지방자치단체장의 선거권을 가진 자는 정령에서 정하는 것과 같이 총수의 50분의 1 이상의 자의 연서에 의해 그 대표자가 지방자치단체의 장에게 조례(지방세의 부과징수 및 분담금, 사용료 및 수수료의 징수에 관한 것 제외)의 제정 또는 개폐청구를 할 수 있다(동법 제74조 1항). 지방자치단체에 의회를 두고(동법 제89조), 지방의회의 의장 및 부의장의 임기는 지방의회에 따라 1년, 2년, 4년으로 정하는데 1년제 임기가 가장 많다. 도도부현 의회의 의원 정수는 조례에서 정하고(동법 제90조), 시정촌 의회의 의원 정수도 조례에서 정한다(동법 제91조). 도도부현의 지방의원 정수는 최고 130명을 넘지 않는 선에서 선출한다. 광역자치단체인 전국 47개 도도부현의 지방의원은 3,101명까지 선출할 수 있는데 실제로는

2,910명으로 운영하고 있다. 그리고 선거구는 대선거구, 중선거구, 소선구제를 혼용하고 있는데 광역자치단체에 1인 선거구가 있는가 하면 18인 선거구가 있기도 하다.[110]

지방자치단체의 의회의원은 중의원의원 또는 참의원의원을 겸할 수 없다(동법 제92조 1항). 지방의회 의원의 임기는 4년이다(동법 제93조). 정촌은 의회를 설치하지 않고 선거권을 가진 자의 총회를 설치할 수 있고(같은 법 제94조), 이 경우 정촌의 의회에 관한 규정을 준용한다(동법 제95조).

2. 자주 조직권

지방자치단체는 그 조직에 관한 결정을 스스로 한다. 일본 헌법은 지방자치 단체의 자주 조직권을 고유사무의 하나로 규정하고 있다. 헌법 제92조는 "지방자치단체의 조직 및 운영에 관한 사항은 지방자치의 본지에 따라 법률에서 정한다."고 규정하고, 제93조 1항에서 법률에 의해 의사기관인 의회를 설치한다고 규정하고, 2항에서 지방자치단체장, 지방의회 의원 및 기타 법률이 정하는 공무원은 주민이 직접선거에 의하여 선출한다고 규정하고 있다. 이에 따라 지방자치법에서 그 조직과 사무에 관하여 규정하고 있다.

지방자치단체의 장으로 도도부현에는 지사를 두고, 시정촌에는 시정촌장을 둔다(동법 제139조) 장의 임기는 4년이다(제140조). 장은 중의원 또는 참의원 의원을 겸직할 수 없고, 지방의회 의원 및 상근직원 및 단시간 근무직원을 겸할 수 없다(제141조). 지방자치단체의 장은 권한에 속하는 사무를 분장하기 위하여 필요한 내부조직을 설치할 수 있다. 그 경우에는 내부

조직의 설치 및 분장하는 사무에 관하여 조례에서 정한다(제158조). 부지사와 부시정촌장을 두지만 조례에서 두지 않을 수 있고, 그 수도 조례에서 정한다(제161조). 그 선임은 장이 의회의 동의를 받아야 한다(제162조). 지방자치단체에 회계관리자 1인을 두며, 지방자치단체장이 보조기관으로 있는 직원 중에서 임명한다(제168조 1, 2항). 기타 일반직 지방자치단체의 공무원의 정수는 조례에서 정하고, 그 임면은 지방자치단체장이 한다(제172조). 지방자치단체를 구성하는 공무원은 지방자치법에 따라 선거로 선출되거나 채용·시험에 의해 선발된다. 일반적인 경우 지방공무원은 그 임기를 정하지 않고 채용되므로 실직·퇴직하지 않는 한 정년인 60세까지 근무할 수 있다.[111]

3. 자주 재정권

자주 재정권은 원래 지방자치단체가 가지는 재정·재무에 관한 권리 및 권력을 총칭하고 있다. 지방분권개혁과 관련하여 지방재정권은 지방자치단체가 필요로 하는 재원은 국가나 다른 지방자치단체에 의존하지 않고 자주적 재원에 의해 조달한다는 것뿐만 아니라 지방자치단체의 과세나 기채 등에 있어서 국가나 다른 지방자치단체의 규제를 받지 않고 자율적으로 결정할 수 있다는 것을 의미한다. 헌법 제94조에는 "지방자치단체는 그 재산의 관리, 사무의 처리 및 행정 집행권을 가지고 법률의 범위 내에서 조례를 제정할 수 있다"고 지방재정권을 인정하고 있다. 즉, 행정의 집행권에 과세권을 포함하는 것으로 해석하고, 조세법률주의의 관점에서 과세권에 대한 민주적 통제로부터 주민대표로 구성되는 의회가 제정하는 조례를 근거로

과세를 허용하는 것이다. 판례도 헌법상 지방자치단체의 조례에 기한 과세권을 인정하고 있다.[112]

지방재정법(2016.11.28. 법률 제86호 개정)은 지방자치단체의 재정의 운영, 국가재정과 지방재정의 관계 등에 관한 기본원칙을 정함으로써 지방자치단체의 재정 건전성을 확보하고 지방자치의 발달에 기여하는 것을 목적으로 한다(제1조). 지방세법은 제3조 제1항에서 "지방자치단체는 지방세 세목, 과세객체, 과세 표준, 세율 기타 부과징수에 관한 결정은 당해 지방자치단체의 조례에 의하여야 한다."고 규정하고 있다. 지방세에는 일반경비로 사용하는 보통세와 특정경비로 상용할 목적세가 있다. 또한 도도부현세와 시정촌세의 구별이 있다. 도도부현세에는 도도부현민세, 사업세, 지방소비세, 부동산취득세, 담배세, 골프장이용세, 자동차세, 광구세, 수렵자등록세 등이 있고, 시정촌세에는 시정촌민세, 고정자산세, 경자동차세, 담배세, 광산세, 특별토지보유세 등이 있다.

제4절 일본의 신지방제도

1. 지방공공단체와 중앙정부의 역할

일본의 지방분권개혁은 성숙한 일본 정치문화의 수준을 보여준다. 개혁기구의 혼란에 관한 비판도 있지만 지방분권이라는 목표를 향하여 꾸준히 개선하여 나가는 모습은 화산이나 지진 등 천재지변을 극복하면서 축적된 섬나라의 지혜를 보는 것 같다. 어렵고 논란이 되는 문제는 다음으로 넘기고 합의된 것부터 개혁하고, 그 과정에서 발생되는 시행착오는 시간을 두고 차분하게 해결하는 원숙한 경지로 평가된다.[113]

일본의 지난 '55년 체제' 동안 국가와 지방자치단체의 업무량은 급속히 증가하고 새로운 법령이나 제도가 엄청나게 늘었다. 그러나 사무배분을 둘러싼 역할론에 따라 당시 고도성장을 주도하던 중앙정부가 대부분 흡수하고 특별지방행정기관을 설치하여 사실상 직접 실시하였으므로 바람직한 사무배분에 역행하는 경우가 많았다. 그러다가 기능분담 및 사회효율의 원칙에 비추어 지방행정의 역할이 부각되었다. 특히 공해·환경행정, 토지이용행정, 계획행정 등의 영역에서는 법제에서도 지방으로의 사무배분이 이루어지고 있다.

1960년대 환경문제나 복지정책을 둘러싼 주민운동이나 혁신적인 지방자치단체의 운동은 국회의원과 정당 등 압력단체의 활동범위를 넓혀 중앙정부의 정책에 영향을 주게 되었다. 그런 입장에서 보면 기관위임사무도 획일적인 것이 아니라 재량의 여지가 있고, 재정에서도 자주적 재원의 비율이 높고, 보조금도 지방자치단체가 효과적인 전략을 통하여 얻는 것이므로 충실도를 높여주는 수단이 될 수 있다. 낙하산 관료도 중앙정부에 대한 유력한 인적 자원이 될 수 있으며, 국회의원과 정당은 예산과정에서 지역구의 이익을 대변하는 역할을 할 수 있다. 이들을 종합적으로 고찰하면 정부와 지방자치단체의 관계가 예속적인 것이라고 할 수 없다.[114]

일본은 연방제 국가가 아닌 단일주권국가로서, 지방제도개혁은 위로부터의 개혁의 성격이 강하다. 현행 헌법 이후 제도개혁안의 입안·심의 기관으로서 내각 총리대신의 자문에 응하며, 현행 지방제도에 대한 전반적인 검토를 행하는 지방제도조사회가 설치되어 실질적으로 자치성소관의 심의회로서 운영되어 왔다. 이러한 개혁은 다원적으로 실행되어 왔다. 먼저 중앙성청 수준의 분립화를 촉진하여 왔다. 각 성청이 독자의 지방사무소를 설치하여 사무처리를 행하거나 개별 작용법을 제정하여 기관위임사무방식으로 사무를 처리하여 왔다. 둘째로 통합화를 기조로 하는 제도개혁이 있다. 중앙내정기구의 강화나 도주제(道州制)의 창설이나 기관위임사무제도를 행정사무의 간편·합리화 및 정리에 관련된 행정관리적 측면에서 검토하는 것 등이다. 셋째로 개혁시스템의 분권화가 있다. 이는 단일주권국가인 이상 최종적으로는 국정수준의 법제화를 거쳐야 하나 지방자치단체의 자주적 결정을 존중하는 것이다.

일본은 계속적인 행정개혁과 지방제도 개혁의 추진에도 불구하고 정권의 비우호성과 중앙성청의 반대로 결과는 미흡하였다. 방향은 지방제도 개혁이나 결과는 불결정상태의 지속이었다. 이러한 상황을 타개하기 위하여 보다 강력한 개혁추진 체제를 요구하기에 이르렀다. 이로 인하여 사무권한이양이나 감사제도의 강화(1991년 지방자치법 개정)와 중핵시(中核市)[115] 제도나 광역연합제도(1994년 지방자치법 개정) 등이 이루어졌다. 이러한 지방자치법 개정의 의미는 광역연합의 창설을 통한 도주제 구상이나 폐현치번(廢県置藩)의 구상 등에서 탈피하여 현행 도도부현·시정촌의 2계층 구조를 유지하게 되었다.[116]

2. 제1차 지방분권개혁의 성과

지방분권일괄법은 1999년 7월 성립되고 2000년 4월부터 시행되었는데 475개의 법률을 일괄개정하였다. 주된 내용은 기관위임사무제도의 폐지와 사무의 재구성이다. 지사나 시정촌장을 국가의 하부기관으로 보고 국가의 사무를 집행하게 하는 기관위임사무제도를 폐지하였다. 이로 인하여 351개의 법률을 개정하였다. 이에 따라 주무대신의 포괄적인 지휘감독권, 지방자치단체장에 대한 직무집행명령, 기관위임사무, 근거규정 등을 개정하였다. 기관위임사무가 도도부현 사무의 70 내지 80%였고, 시정촌사무의 30 내지 40%였다. 그러나 국가와의 업무관련성을 모두 폐지하기 어려워 지방자치단체사무를 자치사무와 법정 수탁사무로 재구성하였다.

개별법의 개정에 의해 국가의 권한을 도도부현에, 도도부현의 권한을 시정촌에 이양하였다. 특별시제도를 창설하여 20만 명 이상의 시에 권한을 통합하여 권한을 이양하였다. 지역의 실정에 따라 도도부현으로부터 시정촌으로의 사무의 이양을 추진하기 위하여 '조례에 의한 사무처리의 특례'를 신설하였다. 또한 기관위임사무에 따른 포괄적 지휘감독권을 폐지하고, 제11장에서 국가와 지방자치단체와의 관계 및 지방자치단체 상호간의 관계를 규정하면서 국가 관여의 새로운 규칙을 창설하였다.

국가와 지방공공단체 간의 분쟁이 있을 경우에는 국가지방계쟁처리위원회(지방자치법 제250조 7), 도도부현과 시정촌 사이의 분쟁이 있을 경우에는 자치분쟁처리위원이 처리하는 제도 등을 창설하였다(지방자치법 제251조). 구법에서는 자치분쟁조정위원으로 지방자치단체 상호간의 분쟁을 처리하였으나, 지금은 도도부현의 관여에 시정촌이 불복하는 경우로 한정하였다. 제1차 지방분권개혁에 대하여 먼저 긍정적인 면을 살펴보면, 우선 지방분권에 대한 이념을 일본사회에 구축하였다. 둘째 지방자치단체의 자율성을 고양하였다. 셋째 개혁내용을 법률에 근거한 위원회에서 검토하고, 위원회의 검토 내용 등을 정리한 권고를 일괄법으로 개정한 것들이다.

부정적인 평가로 확실한 지방세·재정개혁이 이루어지지 않은 것을 들 수 있다. 그러나 세정개혁 부분은 사무이관과 연관된 것으로 한순간에 해결할 수 있는 문제가 아니다. 그래서 자연스럽게 제1차 지방분권개혁에 이어 세정개혁으로 이어진 것이다.

3. 제2기 '3위1체 개혁'

2001년 7월 발족된 지방분권개혁추진회의는 2004년까지 '3위1체 개혁'의 추진하였다. 3위1체 개혁이란 국고보조부담금의 개혁, 국가로부터의 세원이양, 지방교부세의 재검토라는 세 가지 개혁을 일체적으로 실시하자는 것을 의미한다. 지방자치단체의 자주적 재원이 부족하고 지방교부세, 국가보조부담금에 의존하는 비율이 높은 것을 개혁하는 것이다. 기본이념은 지방행·재정에 대한 국가의 관여와 규제를 폐지·축소하고 지방세 재원의 충실한 확보를 통해 수입과 지출 양면에서 자유도를 높이고 동시에 효율적인 작은 정부를 실현한다는 것이다.[117]

2003년 6월 27일 각의결정인 "경제재정 운영과 구조개혁에 관한 기본방침 2003"(기본골격의 방침 2003)은 3위1체 개혁에 의해 지방재정에 있어 국고보조부담금에의 의존을 억제하고 지방의 일반재원(지방세·지방양여세·지방특례교부금·지방교부세)의 비율을 착실하게 인상하도록 하였다. 즉, 세원이양 등에 의한 지방세의 충실, 지방 세출의 철저한 개선에 의한 교부세액의 억제 등으로 지방의 일반재원에서 지방세의 비율을 착실하게 인상하고, 지방교부세에의 의존을 저하하는 것 외에 과세 자주권의 확대를 도모하여 지방자치단체와 주민의 자립의식 향상 등을 목적으로 한다.[118]

3위1체 개혁은 국가로부터의 이전 재원을 줄이는 대신 지방자치단체의 자체 재원을 늘림으로써 국가의 관여를 축소하고 지방자치단체의 책임성을 강화하는 것이다. 지방분권을 하면서 국가의 관여를 줄이고 지방자치단체의 자립성과 자율성을 높이기 위한 필요한 조치이다. 세원 이전과 함께 세출의 엄격한 사용으로 지방자치단체의 재정여건이 좋아져야 하나 사업의 이관과 정확하게 연결되지 않으면 오히려 재정여건이 악화될 수 있다.

4. 제2차 지방분권개혁

미완의 개혁이라 평가받던 지방분권개혁에 대하여 지방 6단체가 2006년 6월 지방자치법에 근거하여 '지방분권의 추진에 관한 의견서'를 국회와 내각에 제출하고 신 지방분권법의 제정 등 7가지 제언을 하였다. 이에 2006년 7월 '기본골격에 관한 방침 2006'에서 다시 지방분권개혁을 위한 방침을 발표하였다. 이후 2006년 9월에 출범한 제1차 아베내각은 지방분권개혁추진법안을 10월에 국회에 제출하고 같은 법안은 12월에 가결되었다. 2013년 3월 제2차 아베내각에서 내각총리대신을 본부장으로 하고 전 각료를 구성원으로 하는 지방분권개혁추진본부가 설치되었고, 같은 해 4월부터 위 본부의 부본부장인 지방분권개혁담당대신 아래 지방분권개혁유식자회의가 개최되었다.

2014년 5월에 성립된 제4차 일괄법에 따른 지방분권개혁추진위원회의 권고 사항으로 제안모집방식(提案募集方式)의 도입으로 국민이 지방분권개혁의 성과를 실감하여 개혁의 추진력을 갖게 하는 것이다. 제안모집방식은 지역의 사정이나 과제에 정통한 지방의 발의와 다양성을 중시하여 권한

이양과 규제완화의 제안을 전국적으로 널리 모집하는 것이다. 또한 권한이양에 대해서도 지역특성이나 사무처리체제 등에 큰 차이가 있는 것을 인정하여 개개의 지방자치단체의 발의에 따라 선택적으로 이양하는 '거수식 방식'을 도입하였다.

제2차 지방분권개혁의 지방분권개혁추진위원회는 자치사무 가운데 국가의 법령에 의해 의무·기준부여된 조례에서 자주적으로 정할 여지를 인정할 수 있는 10,057조항에서 개선의 대상으로 4,076조항을 추출하였다. 개선할 수 있는 1,316조항에 대해 975조항을 개선하여 실시하였다(제1차, 제2차, 제3차 일괄법 등). 2017년 4월의 제7차 일괄법에서도 지방자치법, 농업재해 보상법, 삼림법, 국토이용계획법, 행정절차에 있어서 특정 개인을 식별하는 번호의 이용 등에 관한 법률, 공영주택법 등 6개 법률에서 지방자치단체에 대한 의무·기준부여를 개선하였다. 2018년 3월 각의에서 결정된 제8차 일괄법안에서도 재해대책기본법 등 14개 법률에서 지방자치단체에 대한 의무·기준부여를 개선하였다.

제2차 지방분권개혁은 아직 진행 중이라고 할 것이다. 현재의 '지방창생'도 지방분권의 변화된 시점에서의 명칭이라 할 것이다. 주민자치의 이념을 실현하는 과정 중 격상된 목표수준을 말하기 때문이다. 2014년 6월 24일의 지방분권개혁유식자회의에서 제시한 '개성을 살리는 자립적인 지방 만들기'라는 표현에서 드러난 것처럼 중앙집권형 행정시스템의 해결이 아니라 풍요로운 국민생활의 실현을 목표로 하고 있다. 그에 따라 지방으로부터의 제안모집방식을 적극적으로 권장하고 이를 홍보하여 보다 많은 국민의 참여를 북돋우며 우수 사례의 경우 국가도 이를 받아들이고 있다.

제5절 기타의 일본 지방제도

1. 광역행정기구와 시정촌의 합병

일본에서는 인구 감소·고령화의 진행 등에 대응하여 지방분권을 담당하는 기초자치단체에 어울리는 행정적·재정적 기반을 확립하는 것이 강하게 요구되고, 1999년 이후 전국적으로 시정촌 합병이 적극적으로 추진되었다. 근현대 일본에서는 크게 세 번의 시정촌의 대합병이 이루어졌다. 즉, 1867년의 메이지 유신 후의 메이지 대합병, 제2차 대전 후의 쇼와 대합병, 1999년부터 2019년까지의 헤이세이의 대합병 등이다. 특히 헤이세이의 대합병은 많은 시정촌의 재정 상황 개선을 목적으로 한 것으로 평가받고 있다.

일본의 시정촌의 규모는 현대적인 지방 자치 제도가 확립된 메이지시대 이후, 71,314개였던 시정촌의 수가 메이지 대합병과 쇼와의 대합병을 거쳐 3,000개 수준으로 감소했다. 그리고 1999년 이후에는 시정촌 합병의 급속한 진전에 따라, 1888년 시점과 비교하면 시정촌 수가 30분의 1 이하로 감소했다. 특히 메이지 시대 이후에 계속 중앙 집권 정책에 의해 정치·경제·문화의 수도인 도쿄도는 특히 23구에 편중되어 발전되었다. 이는 인구의 편중도 이어져 중앙정부가 경기 대책으로 실시한 공공사업도 도쿄 지역에 의존하는 경향이 강해지고, 다른 지역의 자율성을 잃게 되었다.

과소 시정촌이 추구해온 고속도로 등 교통망의 정비는 오히려 이동의 편리를 향상시키고 인구의 손실을 유발했다. 최근 수도권 등 일부 대도시를 제외하고 거의 전국적으로 과소화가 진행되고 있으며, 특히 1999년 이후에는 시정촌 합병으로 소멸하는 취락이 많아지고 있는 것을 들 수 있다. 일본

정부는 이러한 문제점을 개선하기 위해 우선 지자체 및 지역 주민의 의향을 고려하여 일상 생활권의 통합 및 시정촌 상호간의 연계 실적, 재무 행정의 효율화 등의 관점에서 바람직한 지방자치단체의 규모 등의 객관적인 지표와 역사적 지리적 관계 등을 종합적으로 감안하여 시정촌의 합병을 결정했다.

합병의 유형은 중심적인 도시 기능의 집적형(30만 명-20만 명 이상), 지역 거점 도시 형성형(10만 명 이상), 도시 기능의 창출형(5-10만 명), 시 승격 형태(4만 명 이상), 행정서비스의 향상형(1-2만 명)으로 구분할 수 있다. 합병의 기준은 ① 시정촌 합병에 관한 지자체와 지역 주민의 의향, ② 일상 생활권에서의 관계 및 시정촌 행정의 일체성, ③ 시정촌의 역사적 지리적 일체성, ④ 행·재정의 효율성에서 본 객관적인 규모 등을 들 수 있다. 일본은 합병이 어렵거나 합병보다 지역의 자립을 촉진하는 것이 기대되는 경우에는 2000년에 제정된 「과소지역 자립 촉진 특별조치법」에 의해 선택된 과소도시를 지원하고 있다.[119]

기초지자체 합병의 효과에 대해서는 저출산 고령화와 인구 감소의 제동, 출산 회복에 관한 점은 장기적으로 평가해 나갈 필요가 있지만, 단기적으로는 직원 배치의 적정화 등의 행·재정의 효율화나 광역적인 마을 만들기의 추진 등의 성과가 나타나고 있는 것으로 평가할 수 있다. 시정촌 합병에 의해 조직이 전문화되고, 전문 직원이 증가하여 체제가 내실화된 시정촌이 있는 반면, 합병 후에도 인구 규모가 작은 시정촌은 여전히 전문 직원이 부족한 경우가 있는 등 시정촌 합병의 효과의 발현은 균일하지 않은 점도 있다. 시정촌 합병에 의한 행정구역의 광역화에 수반하여, 구 시정촌 지역의 진흥과 공공시설 등의 통폐합의 난항 등의 과제뿐만 아니라 주민의 입장을

행정에 대해 적절한 반영하고 있는가 등에 대한 과제도 있다.[120]

2. 지방의 경제활성화 정책

일본의 인구는 2008년의 1억 2,808만 명을 기점으로 감소로 돌아섰다. 이러한 인구감소를 극복하기 위한 정책이 '지방활성화' 정책이다. 2014년 9월 3일 발족된 제2차 아베 혁신내각의 기자회견에서 아베 총리는 "혁신내각의 가장 큰 과제 중의 하나는 건강하고 풍족한 지방활성화이다. 인구감소와 초고령화라는 지방이 직면하는 구조적인 과제에 정면으로 도전하고 청년의 장래에 꿈과 희망을 가질 수 있는 매력이 넘치는 지방을 창출할 것이다."라고 하면서[121] 지방활성화에 대한 의욕을 보였다. 이러한 지방활성화(일명, '지역 아베노믹스')[122]는 제2차 아베내각이 주창하는 '경기침체 탈출'과 '부(富) 확대'의 실현을 위한 경제정책이다. 즉, 이것은 '아베노믹스 · 3가지 장기비전'의 연장선상에 있는 정책이라고 할 수 있다.

지방활성화의 동기가 된 것은 소위 '마스다(增田) 리포트'인데 여기서 2010년부터 2040년까지 인구의 재생산력을 나타내는 지표로서의 '젊은 여성'(20-39세의 여성인구)의 5할 이상 감소하는 시정촌이 약 1,800개 지자체 중에 896(전체의 49.8%)개 지자치가 될 것이라고 추정하고 있다. 이러한 896개 지자체를 '소멸가능성도시'로 볼 수 있다. 해당 지자체는 충격을 받지 않을 수 없을 것이다. 이러한 '지방소멸론'은 한국에서도 볼 수 있는데, 한국고용정보원에서 발표한 '한국지방소멸 2018'에 의하면 228개 기초자치체 중에 89개 기초자치체(전국의 39%)를 '소멸위험지역'으로 보고 있다.[123]

제2차 아베 혁신내각 발족과 함께 '마을 · 사람 · 일, 지방활성화 본부'가

각의에서 결정되어 본부장에 내각총리대신이 취임, 지방활성화 담당대신을 임명하였다. 지방활성화의 전체적인 방향을 제시하고 있는 지방활성화법 제1조의 내용은 다음과 같다. 즉, ① 급속한 저출산과 고령화 현상에 대한 적절히 대응, ② 인구 감소화를 방지하기 위하여 도쿄권으로의 인구 집중의 시정, ③ 각각의 지역에서 삶의 질을 향상시킬 수 있는 환경보존, ④ 미래의 활력이 넘치는 일본사회를 유지하기 위하여 국민 한 사람 한 사람이 꿈과 희망을 가지고 윤택하고 풍족한 생활을 안심하고 영위할 수 있는 지역사회의 형성과 발전, ⑤ 지역사회를 담당할 수 있는 풍부한 개성으로 다양한 인재의 확보와 지역에 매력이 있는 다양한 취업의 기회창출을 위한 체계적인 계획의 추진, ⑥ '마을·사람·일, 지방활성화'를 위한 기본이념, 국가의 책무, 정부가 강구해야 할 '마을·사람·일, 지방활성화'에 관한 정책을 종합적이고 계획적으로 실시하기 위한 지방활성화 본부를 설치 등을 그 목적으로 명시하고 있다.

또한 동법 제2조는 '기본이념', 동법 8조는 '마을·사람·일, 지방활성화 종합전략', 동법 9조-제10조는 '지방판 마을·사람·일, 지방활성화 종합전략', 동법 제11조-제20조는 '지방활성화 본부' 설치 등을 정하고 있다. 또한 개별적인 지역에 있어서 지방활성화 실현을 위한 구체적인 지원조치는 '개정지역재생법'에 의해 추진된다. 이 법은 3가지로 요약할 수 있다. 즉, 첫째, '지방활성화 교부금'의 신설로 이것은 지방자치단체의 자주적·주체적인 사업의 선도적인 사업에 대한 지원조치이다. 둘째, '지방활성화 지원세제'의 신설인데 이것은 지방자치단체에서 시행하는 지방활성화 프로젝트에 대한 기업기부에 관한 세제우대조치로 소위 '기업판 고향납세'라고 할 수 있다. 셋째, '생애활성화 마을의 제도화'로 이것은 중·고령자의 이주,

건강한 생활의 여생보내기, 지속적인 케어 향유 등을 주제로 하는 것이다.

그리고 지방활성화 본부는 장기적인 비전을 제시하고 있다. 즉, 장래의 일본 인구의 상황과 예상을 추정하고 인구문제에 관하여 국민과의 공감대를 유지하면서 앞으로 개선해야 할 방향을 제시하고 있다. 일본은 중장기적인 계획으로 '2060년 1억 명 정도의 인구확보'를 제시하고 있다. 이에 대한 구체적인 목표로 ① 도쿄 집중화의 시정, ② 청년 세대의 취업·결혼·자녀교육에서의 희망 실현, ③ 지역의 특성에 따라 지역적인 문제의 해결 등이다. 이러한 3가지의 '미래 기본적 관점'이라는 주제는 '활력이 넘치는 일본사회'의 유지라는 것을 지향하고 있다.[124]

지방분권개시로부터 여러 가지 상황변화가 있다. 지방행정개혁의 진전, 민영화·민간으로 사무위탁이 진행되고 있다. 여기에 민간위탁 추진, 지정관리자제도 활용, 자치체 정보시스템의 네트워크 확대, 공영기업·제3섹터 등의 경영건전화, 지방자치단체의 재정관리 강화 등을 들 수 있다. 또한 인구 감소사회, 동경 일극집중의 가속화, 비영리단체의 활성화, 관민네트워크를 통한 지역거버넌스로 표시되는 시민사회 성숙, 지방분권의 추진과 합병의 추진, 행·재정능력의 향상, 소멸 지방자치단체 리스트의 공표 (2014년 5월, 일본창성회의 분과회) 등을 들 수 있다.[125]

3. 일본의 자치경찰제

1948년 3월부터 시행된 일본경찰법은 과거의 중앙집권적이고 비민주주의적 요소를 제거한 내용이었다. 즉, '지방분권'과 '민주성'으로 과거의 중앙집권적인 국가경찰 제도를 전면 재편한 것이 커다란 특징이라고 할 수 있다. 시 및 인구 5,000인 이상의 정촌에 설치하는 자치체경찰과 국가지방경찰이라는 2중 구조를 형성하며 지방분권에 초점을 두고 있다. 일본의 경찰제도는 국가경찰제도인가 아니면 자치경찰제도인가에 대한 논의가 계속되고 있다. 그러나 대체적으로 절충형 경찰제도라는 인식이 강하게 자리를 잡고 있다.

일본의 경찰제는 국가공안위원회 밑에 국가경찰이 위치하고 있으며, 47개의 광역지방자치단체에 도도부현공안위원회가 설치되어 있으며 그 산하에 도도부현 자치경찰이 존재한다. 상부는 국가경찰이며 하부는 지방자치경찰이 자리를 하고 오늘에 이르고 있다. 경시정(총경급)이라고 하는 계급은 국가경찰이며 그 이하의 계급은 자치경찰에 속하는 제도이다. 한국의 계급으로 단순 비교해보면 경정급 이상은 국가경찰이며 경감급 이하는 자치경찰에 속하는 것으로 이해할 수 있다. 일본에서 경시정으로 승진하는 지방자치경찰은 지방경무관이라는 이름으로 불리는데, 비록 도도부현 지방자치경찰에 계속 근무하더라도 신분이 국가경찰로 바뀌게 된다. 특이한 것은 국가경찰이 7개의 관구경찰국을 통해 도도부현의 지방자치경찰들을 관리 감독하는 시스템을 취하고 있다.

2015년 기준으로 국가경찰은 7,700여명이며 지방자치경찰은 287,000여명으로 구성되어 있는데, 전체 경찰관 수는 약 294,700여명이다. 일본의 경찰제도는 김대중 정부에서 한국의 중앙집권제적 국가경찰제도를 개혁하고자 심층적으로 검토한 바 있다. 그리고 2017년 5월에 출범한 문재인 정부에서도 조심스럽게 일본경찰 모델을 참고할 가능성도 있어 보인다. 또하나의 방법으로 일각에서는 한국 경찰개혁모델로 지방자치제의 분권이념에 맞도록 광역시도지사에게 지방경찰청의 인력과 예산을 모두 이관을 주장한다. 어떤 방식이든 한국에서도 자치경찰제 도입은 피하기 어려운 국가적 과제로 떠오르고 있다. 특히 검찰로부터 경찰의 독자적 수사권과 영장청구권의 이관의 필요성이 제기되었으며 이와 맞물려서 자치경찰제 도입은 필연적이라는 주장이 설득력을 얻고 있다.[126]

또한 시민 대표로 구성되는 합의체 기관인 공안위원회 제도가 신설되었는데, 이것은 경찰을 시민이 관리하는 체제가 구축되어 민주적인 요소를 도입한 것이다. 경찰의 권한 또한 과거의 무한정에 가까운 권한 행사를 제한하여 경찰의 책무를 '국민의 생명 신체 및 재산을 보호하는 것', '범죄의 조사 피의자 체포 및 공안유지'로 한정한다. 그렇지만 이러한 경찰제도는 국내외 정세의 영향을 받게 된다.

먼저 국내적으로는 지방자치단체에서 자체적으로 운영해야 할 자치체경찰에 대한 재정적 부담이 크다는 문제가 발생하고 자치체경찰과 국가지방경찰 간의 역싸움이 발생하여 광역 범죄에 대한 조사자체가 곤란하다는 불만이 제기되었다. 이와 함께 자치체경찰과 국가지방경찰이 서로 책임소재를 떠넘기는 등의 문제가 제기되기 시작하였다.[127]

제2장 대만의 지방자치

장영희(성균중국연구소 연구교수),
윤은상(성균관대학교 동아시아학과 석사)

대만의 지방자치는 긴 역사를 갖고 있다. 일찍이 1946년 각 향진(鄕鎭) 별로 시민대표선거를 시작했고, 시민 대표들이 현(縣)의 참의원을 간접선거로 선출했다. 1950년에는 공식적으로 현장과 현(縣) 의원 직선제를 실시하고, 1953년에는 성(省)의원 직선제를 시작했다. 반면 성(省) 주석의 직위는 중앙정부의 파견을 계속 유지했다. 1967년 타이베이시를 직할시로 승격시켰고, 1979년에는 까오슝(高雄)시를 직할시로 승격했다. 1994년 이전에는 타이완성과 타이베이시 및 까오슝시의 행정수장을 모두 중앙정부에서 파견했는데, 의원은 국민 직선제를 통해 선출했다. 1994년부터 성장과 타이베이 시장 및 까오슝 시장 모두 직선제를 통해 선출하기 시작했다. 이 기간 동안 국회의 경우에는 1972년부터 입법위원 수를 확대하여 선거를 실시했고, 1992년에는 입법원(국회)을 전면 개편했다. 그리고 1996년부터 총통 직선제를 실시해 오고 있다.[128]

대만의 지방자치제는 장제스(蔣介石)의 국민당 정부가 중국대륙에서 패퇴해 온 1949년 이래 점진적으로 발전해 왔다. 지방자치제를 실시한 초기부터 현장과 시장 및 의원을 주민들의 직접선거를 통해 선출했다. 이를 통해 유능한 행정가와 정치가가 많이 배출되었다. 다만 오랫동안 헌법상에서의 규정은 존재하지만 지방자치법 등 구체적인 하위 법규의 제정 없이 중앙정부의 행정명령 형식으로 지방자치가 실시되어 왔다. 40여 년간 지방자치 관련 법령의 제정 없이 지방자치제를 실시해오던 대만은 1994년에 이르러 〈성현자치법(省縣自治法)〉과 〈직할시자치법(直轄市自治法)〉 등을 제정했다.[129]

대만이 광복된 이후의 정치사를 돌아보면 다음과 같다. 1945년에 타이완성(省)의 행정장관공서가 설치되었는데, 당시에는 단지 8개의 현(台北, 新竹, 台中, 台南, 高雄, 花蓮, 台東, 澎湖)과 9개의 성할시(基隆, 台北, 新竹, 台中, 彰化, 嘉義, 台南, 高雄, 屏東)만 설립되었다. 1950년에 새롭게 현(縣)과 시(市)를 5개의 성할시와 16개의 현으로 분류하고, 타이베이시와 까오슝시를 직할시로 승격시켰다. 이후 1982년 신주(新竹)시와 자이(嘉義)시를 성할시로 승격시켰다. 1998년 대만 성정부의 기능과 업무 및 조직을 개편한 후 타이완 성정부(省政府)는 역사 속으로 사라지게 되었다. 성정부 업무의 대부분은 중앙정부로 이관되었고, 일부의 업무는 현 정부로 이관되었다. 2010년 12월 25일에 신베이시(新北市, 원래 명칭은 타이베이현), 타이중시(타이중현을 합병), 타이난시(타이난현을 합병) 등 3개 직할시가 생겨났다. 또한 기존의 직할시였던 까오슝시도 까오슝현을 통합했다. 2014년 12월 25일, 타오위안현을 타오위안시로 승격시키면서, 대만은 6개의 직할시 체제가 되었고, 대만 지방자치의 새로운 장이 열렸다.

대만의 민주화는 화인(華人) 세계에서 가장 앞서고 있으며, 대만은 이미 여러 차례 정권교체의 경험을 갖게 되었으며, 대만 사회의 언론 자유 및 미디어의 발달은 주지의 사실이다. 대만이 지방자치를 실시한 지 이미 70여 년이 넘었는데, 과연 대만 지방자치의 성과는 어떻게 평가할 수 있을까, 총통직선제를 이룬 후 민주화 20여 년의 경험은 지방자치 발전에 어떤 영향을 미쳤을까, 등을 살펴보는 것은 동아시아 민주주의와 지방자치 발전에 함의가 큰 주제가 될 것이다. 대만의 지방자치는 주민의 직접선거를 통해 지방의회를 구성하고 지방자치단체장을 선출한 1950년부터라고 할 수 있지만, 대만 지방자치제도의 역사는 그보다 훨씬 이전인 19세기 말 청나라 말기부터 기원한다.

제1절 대만 지방자치의 역사

청(淸)나라는 19세기 초 제국주의 열강들이 대만을 호시탐탐 자신들의 영향권 하에 두려고 하자 선바오전(沈葆楨)과 딩르창(丁日昌) 등을 파견하여 대만에 대한 방어를 도모한 바 있다. 1822년에는 대만을 22번째 성으로 편입시키고, 1823년에는 류밍추안(劉銘傳)을 최초의 성장(省長)으로 파견했다. 류밍추안은 대만을 3개 부(府), 1개 주(州) 및 3개 청(廳)으로 나누는 등 대만의 지방행정 조직을 체계화하고, 교통·우편·통신망을 정비하는 등 근대화하는 노력을 기울였다. 그러나 1895년 청조와 일본 간의 시모노세키 조약으로 대만은 일본에 할양되었다. 류융푸(劉永福) 등 대만 주재 청나라 관리들과 대만의 토착세력들이 일본의 대만 할양에 반대하며 대만의 독립과 '대만민주국'의 수립을 선포한 바 있지만, 일본이 대만의 독립 움직임을 무력으로 진압하면서 식민지 시기가 본격화되었다.

식민통치 50년(1895~1945년)의 기간 동안 일본은 대만을 일본 본토에 대한 식량 공급기지 및 일본 공산품의 소비기지로 삼았다. 식민초기인 1895년부터 1918년까지 일본은 대만의 잔존 저항세력을 제압하고 일본식 통치 체제를 확립해 갔다. 철저한 경찰통제, 전 지역에 걸친 토지조사, 도량형 표준화 등을 실시했다. 식민중기인 1918년부터 1937년까지는 일본의 대만에 대한 통치를 공고히 하기 위해 일본어 교육의 의무화와 문화 동화정책을 실시했다. 식민후기인 1937년부터 1945년까지는 대만인들에게 소위 황국 신민화 정책을 집중적으로 실시했다. 즉 일본식 이름의 사용을 의무화하고 신사참배를 강요했다.

1. 일제 시기 지방자치의 선례

일제 식민통치 속에서 대만인들은 독립운동 대신 지방자치를 통해 자신들의 자치권을 확보하고자 했다. 일제 시기 대만의 지방자치는 1930년 8월 대만지방자치연맹의 설립과 함께 시작되었다. 대만지방자치연맹은 대만에 지방자치를 실시한다는 목적으로 결성된 정치적 결사체로, 대만인들뿐만 아니라 일본의 민간인들도 참여시켰다. 일본 민간인들을 참여시킨 목적은 대만총독부에 영향력을 행사하게 할 목적이었다. 대만지방자치연맹은 창립 이후 대만 24개 지역에 지부를 설치하여 지방을 순회하면서 지방자치의 실시를 주장하는 정치연설회를 개최했다. 이와 더불어 대만에 대한 전면적인 지방자치의 실현을 위해 총독부에 두 차례에 걸쳐 지방자치 제도 개혁안을 제출하기도 했다.

첫 번째 지방자치제도 개혁안은 1931년 8월에 대만지방자치연맹에서 개최한 제1차 지방자치연맹 대회에서 정식 선언문을 채택하여 발표했고, 이를 일본 총독부에 제출하여 당국의 많은 관심을 불러일으켰다. 이 개혁안은 ① 일반 주민에게 보통 선거권을 부여할 것, ② 주(州), 시(市), 가(街) 등의 자치권을 확립해 줄 것, ③ 임명 위주의 총독부 자문기관을 민선에 의해 선출된 의원들로 구성된 의결기관으로 바꾸고 그 직무와 권한을 명확히 할 것, ④ 행정집행관의 조직 체계를 개혁하고 그 직무와 권한을 명확히 할 것, ⑤ 주(州), 시(市), 가(街) 등에 재정관리권을 부여해 줄 것 등을 주요 내용으로 하고 있다.

첫 번째 지방자치제도 개혁안은 총독부에 의해 부분적으로 받아들여졌다. 요컨대 의원의 신분을 반민반관으로 하여 전체 의원의 절반은 관선으로 하고 나머지 절반은 민선으로 하도록 했다. 또한 의결권을 주(州)와 시(市)에만 부여하고 그 하위 단위에는 의결권을 부여하지 않았다. 선거 자격도 5원(圓) 이상의 세금을 내는 사람에게만 주는 것으로 제한했다.

이에 대만지방자치연맹은 1934년 12월 총독과의 면담을 위해 대표단을 파견하여 ① 폭넓은 선거권의 부여, ② 의원 전원의 민선 등을 건의했다. 이 밖에도 대만지방자치연맹은 외국의 지방자치 실시 현황을 고찰하기 위해 1930년 8월 대표단을 조선에 파견하여 조선의 지방자치제도에 관하여 시찰하고 〈조선 지방자치제도 고찰 보고서〉를 제출하게 했다. 이 보고서의 서문에는 "조선과 대만은 똑같이 일본의 식민지인데 지방자치제도의 실시에 있어서 조선이 대만을 앞서가고 있다. 따라서 조선의 전반적인 지방자치 현황을 파악하고 연구하여 대만의 지방자치 개혁운동에 참조해야 한다"라고 되어 있다.

이와 같은 대만지방자치연맹의 끈질긴 노력으로 1935년 1월 대만 총독부는 대만의 지방자치수정안을 공포하기에 이르렀다. 이와 아울러 1935년 11월 22일에는 민선의원 선출을 위한 주민 직접선거가 실시되었다. 이러한 주민 직접선거는 후에 대만의 지방직접선거 제도의 확립에 중요한 선례로 작용했다.[130]

중국국민당 정부가 중국대륙에서 실시했던 지방자치제인 신현제는 1942년에 시작되어 1946년 말까지 모두 20개의 성(省)과 1,395개의 현(縣) 및 시(市)에서 실시되었다. 이후 중국국민당 정부가 대륙에서 대만으로 이주해 온 다음 해인 1950년에 〈대만성 각 현(縣) 및 시(市) 지방자치 실시 강요〉가 공포되었고, 현장 및 시장과 현 및 시의회 의원선거가 실시되었다. 이와 함께 대만에서의 지방자치제가 본격적으로 시작되었다. 〈대만성 각 현(縣) 및 시(市) 지방자치 실시 강요〉는 대만의 각종 지방자치관련 법규, 지방선거 및 공무원 선거 규정의 모태라고 할 수 있다.

1945년 일본의 패전으로 대만이 국민당의 중화민국 정부에 편입되기 이전, 일제 시기 대만의 행정구역은 5주(州) 3청(廳) 11직할시(直轄市) 51군(郡) 67가(街) 197장(蔣)으로 구분되어 있었다. 1945년 광복과 함께 설치된 대만성 행정장관 공서(公署)에서는 행정구역을 5주(州) 3청(廳)에서 8현(縣)으로 개편하고, 11직할시(直轄市)는 9성할시(省轄市)과 2현할시(縣轄市)로 개편했다. 이후 1949년 중화민국 정부가 대만에 이주해 오면서 대폭적인 행정구역 개편을 단행했다.

2. 중국국민당의 대만 이수와 숭화민국의 지방자치

대만의 지방자치제의 뿌리를 찾기 위해서는 1937년에 공포된 중화민국의 헌법 조항을 살펴봐야 한다. 당시의 헌법 제10장에는 "중앙과 지방의 권한"에 대해 규정되어 있고 지방자치 조직에 대해 서술되어 있다. 특히 성현 자치통칙(省縣自治通則) 조항(제108조)을 두고 있는데, 이 통칙에 의거하여 성(省) 자치법과 현(縣) 자치법을 제정(제112조와 제122조)하여 지방자치를 실행하게 했다. 성(省) 자치법은 중앙의 입법에 의해, 현(縣) 자치법은 성(省) 단위에서의 입법에 의해 제정되었다. 성(省)은 성 정부와 성 의회를, 현(縣)은 현 정부와 현 의회를 조직하게 하고, 각급 정부의 수장(성장, 현장)과 의회 의원은 직접 투표로 선출하도록 규정했다.

국공내전에서 패해 중화민국이 대만으로 옮겨온 이후인 계엄시기(1949~1987년)에는 지방자치제에 관한 입법을 하지 않았다. 1950년에 대만 성정부는 소속 행정구역을 5개 직할시(臺北, 基隆, 臺中, 臺南, 高雄)와 16개 현(臺北, 宜蘭, 桃園, 新竹, 苗栗, 彰化, 臺中, 南投, 臺南, 嘉義, 雲林, 高雄, 屏東, 臺東, 花蓮, 澎湖)으로 개편했다. 진먼(金門)현과 롄장(連江)현은 중화민국 복건성(福建省)에 소속시켰다. 중화민국 정부가 대만으로 옮겨오면서 실효 지배한 지역은 대만 섬과 펑후 군도, 푸젠성에 속한 진먼 섬과 마주(馬祖)섬이었다. 대만으로의 이전 직후 중화민국 정부는 행정구역을 대만성과 신넌현 및 롄상현을 관할하는 복건성으로 구분했다. 진먼현과 롄장현은 전쟁지역(戰地政務)으로 행정원에서 직접 관할하다가 1992년 계엄 해제와 함께 전쟁지역으로서의 분류가 종료되고 지방자치를 실시하게 되었다. 이에 따라 1993년 직선제로 현장을 선출했고, 1994년 민선 의원을 선출하여 의회를 구성하게 되었다.

1950년 대만(중화민국) 중앙정부(행정원)는 행정명령인 〈대만성 각현시 지방자치실시 강요(臺灣省各縣市實施地方自治綱要)〉를 반포하여 각급 지방의 정부 수장과 의회 의원을 선출함으로써 지방자치를 실시했다. 당시 21개(5개 직할시와 16개 현) 시장/현장 선거에서 국민당 후보가 17명 당선 되었다. 시와 현 의원의 간접선거로 성 의회를 구성했으나 (대만) 성 성장 은 선출이 아니라 중앙정부의 행정원에서 임명하는 형태였다.

1949년에서 1987년까지의 계엄 하에서 대만이 지방자치제를 실시한 목 적은, 대만 사회의 엘리트들에게 정치 참여의 기회를 제공함으로써 '자유 중국'의 이미지를 제고하기 위함이었다. 이렇게 선출된 각 지역의 시/현(市/縣) 의원은 지방 계파의 대표적 인물로 성장하게 되었다. 이 와중에 타이 베이시와 까오슝시는 1967년과 1979년에 대만성 직할시에서 중앙정부의 행정원 직할시로 승격되었다. 행정원 직할시의 수장은 행정원에서 임명하 는 형태를 띠었고, 직할시 자치 법규가 제정되지 않았다.

제2절 대만 지방자치 제도의 발전

1945년 8월 일본이 대만을 연합국에 양도한 후 국민당은 국부군을 대만 에 파견하고 인수 작업을 실시했다. 대만인들은 처음에는 국민당 군대를 환영했으나, 이들의 부패와 고압적인 태도에 대해 점점 불만을 갖게 되었 다. 이러한 분위기 속에서 1947년 2월 28일 소위 '2.28 사건'이 발생했다. 이 사건은 탈세 담배를 팔던 한 노파가 담배를 강제 몰수한 공매국(公賣局) 직 원들에게 항의하는 과정에서 폭행을 당하고, 이를 구경하던 행인 한 명이 총상을 입었으나 관할 경찰서가 오히려 가해자를 비호하자 이에 격분한 시민들이 공매국(公賣局)으로 몰려가 시위를 벌이고 동 시위가 대만 전역으로 확산된 사건이다. 이 사건을 해결하기 위해 대만의 여론 주도층들이 '2.28 사건 처리 위원회'를 구성하자 국민당 국부군은 군대를 대만에 파견하여 무력으로 진압했다. 또한 '2.28 사건 처리 위원회' 소속 대만 엘리트 대부분을 처형함으로써 대만인들과의 갈등이 심화되었고, 대만 정치사의 원죄가 되었다.

1949년 5월 국민당은 공산군의 공격이 거세지자 대만에 계엄령을 선포하고, 30만 명의 국부군을 대만에 파견했다. 1949년 10월 광둥(廣東) 등지에서의 대규모 접전에서 공산군에게 패배한 후 12월 7일 대만으로 '중화민국' 정부를 이전했다. 대만 이주 후 장제스(蔣介石) 정권은 토지개혁 및 연속적인 4개년 계획 등으로 대만 경제를 부흥시키는 정책을 실시했다. 고도의 수출주도형 경제정책을 실시하여 20여 년 이상(1962~1985년) 연평균 9.3%의 높은 경제성장률을 기록했다. 1970년대 이후에는 국내정치적으로도 많은 변화가 발생했다. 1975년 장제스(蔣介石)가 사망하고 이후 1978년 3월 장징궈(蔣經國) 총통이 취임했다. 1988년 1월에 계엄령이 해제되었고, 그해 장징궈(蔣經國) 총통이 사망하고 리덩휘(李登輝) 총통이 취임했다.

대만 출신으로서 처음 총통에 취임한 리덩휘 총통은 1991년 5월 임시조례(動員勘亂時期臨時條款: 정치적으로 불안정한 시기에 정부에 권한을 집중시키는 것을 주요 골자로 제정된 초헌법적 성격의 임시조례)를 폐지함으로써 대만의 민주화 추진을 위한 법적 기본 장애를 제거했다. 1989년에는 복수 정당을 허용하고, 1991년 최초의 국민대회 직선제, 1992년 최초의 입법원 직선제, 1994년 최초의 대만 성장(省長), 타이베이(臺北) 및 까오슝(高雄) 시장 직선제 실시, 1996년 최초의 총통 직선제 실시 등 민주화가 이뤄졌다. 대만에서는 계엄 해제 이후 지방자치제도가 점차 법률적으로 정비되기 시작했다. 1994년 입법원(국회)에서 〈성현자치법(省縣自治法)〉과 〈직할시자치법(直轄市自治法)〉을 통과시킴으로써 행정원 직할시를 직할시로 개정하고, 대만성 성장과 직할시 시장을 직선으로 선출할 법적 근거가 마련되었다.[131] 그리고 대만성 성장에 송추위(宋楚瑜), 타이베이 시장에 천수이벤(陳水扁), 가오슝 시장에 우둔이(吳敦義)가 당선되었다.[132]

당시 지방자치제도에서는 중앙정부와 지방정부(대만성) 간 행정구역이 과도하게 중첩(98% 이상)되어 있었고, 1994년과 1996년에 민선으로 성장과 총통이 선출되면서 중앙정부와 지방 수장의 직권이 중첩되는 문제가 발생했다. 이에 따라 1998년 개정한 제4차 〈헌법 증수조문(憲法增修條文)〉(정식 명칭은 중화민국헌법 증수조문(中華民國憲法增修條文))으로 민주화 요구와 본토화(本土化) 등 정치 상황 변화에 따라 헌법의 조문이 추가되었다. 대만은 원래 헌법을 개헌하지 않는 원칙 하에 헌법과 별개로 헌법 조문을 신설하는 방법을 채택하고 있다.

1. 〈지방제도법(地方制度法)〉 제정에 따른 변화

대만은 1991년 제1차 헌법 증수를 진행한 후 2005년까지 총 7차례 헌법 증수를 했다. 그리고 헌법 증수에 의거하여 1999년 〈지방제도법(地方制度法)〉을 제정하고 기존의 〈성현자치법(省縣自治法)〉과 〈직할시자치법(直轄市自治法)〉을 폐지했다. 대만 입법원은 〈지방제도법〉을 통과시켜 지방자치단체 법규 체계를 최종적으로 완성했다. 〈지방제도법〉은 대만 지방자치단체의 권한을 규정하는 법적 근거로 작용하게 되었다. 〈지방제도법〉은 대만성 정부 및 성 의회의 권한과 직할시 및 성 직할시, 그리고 향진시 등 지

자체의 조직과 권한, 그리고 지자체 권한의 의무에 대해 규정하고 있다.[133]

2000년 대만 대선에서는 대만 독립을 주장하는 민진당의 천수이볜 총통이 정권교체에 성공하며 당선되었고, 천수이볜 정부 시기부터 지자체의 권한이 더욱 강화되었다. 천수이볜 총통은 중앙과 지방의 관계가 수직적 관계가 아니라 수평적인 관계라는 입장을 갖고 있었고, 지자체 간의 협력을 지향하고 중앙정부와 지방정부 간의 협력을 추구했다. 민주진보당으로의 첫 번째 정권교체가 이뤄진 2000년에 대만 정부는 〈중화민국헌법 증수조문(中華民國憲法增修條文)〉에서 행정 절차 간소화 작업에 따라 대만성정부를 지방자치단체에서 중앙정부의 파견 기관으로 전환하여 성의 기능을 사실상 정지시켰다. 2008년 대선에서 국민당의 마잉주 총통이 새로 취임했지만, 지방분권의 기조는 유지되었다. 현재 서로 다른 정당 소속의 지방자치단체장들은 중앙정부로부터 법률적으로나 실질적으로 지방자치를 실현하고 있다.

지방제도법의 주요 특징은 성(省)의 지방자치단체 지위를 폐지하고 지방제도법에 따라 성(省)정부 직제를 개편하여 성(省)장과 성(省)의회의 명칭을 성정부 주석과 성(省) 자문의회(諮議會)로 개칭하고 주석과 자문의원은 총통이 임명하는 것으로 변경하여 성(省)정부와 의회를 명맥상으로 유지한 것이다. 2019년 성(省)직제 관련 예산을 편성하지 않으면서 기관 조직은 해체되었다. 현재는 성급 정부와 의회는 헌법상 명칭만 존재하고 있다. 그리고 성 아래 현/시(縣/市) 단위가 직할시와 더불어 1급 지자체(광역지자체)로 승격되었다. 2010년 타이베이(台北)현을 신베이(新北)시로, 타이중(台中)현과 시를 합병하여 타이중시로, 타이난(台南)현과 시를 합병하여 타이난시로 승격시켰으며, 2014년 타오웬(桃園)현과 시를 합병하여 타오

웬시로 승격시켰다. 현재 대만의 1급 지자체는 6개 직할시(타이베이, 가오슝, 신베이, 타이중, 타이난, 타오웬)와 16개 현/시(신주현, 먀오리현, 쨩화현, 난터우현, 윈린현, 자이현, 핑둥현, 이란현, 화롄현, 타이둥현, 펑후현, 진먼현, 롄장현, 지룽시, 신주시, 자이시)로 구성되어 있다.

이러한 발전 과정 속에서 지차제의 직무 범위가 점점 명확해지기 시작했다. 지방제도법(제18조와 제19조)은 지자체의 자치 사항을 명시하며 지방정부의 직무수행범위를 규정하고 있다. 직무 범위는 지방정부 조직과 행정관리, 재정, 사회복무, 교육문화체육, 노동행정, 도시계획과 건설, 경제복무, 수리(水利), 보건환경, 교통관광, 공공안전, 지방정부 사업의 경영과 관리에 관한 사항 등이다. 지방제도법의 시행과 함께 대만 6개 직할시의 정치 경제적 지위가 상승하게 되었다. 또한 직할시의 정치경제적 중요성과 지차체 직능 권한의 확대로 시장의 직위가 정치인으로서 정치적 영향력과 지명도를 제고하는 주요한 통로로 작용하게 되었다. 특이한 점은 점점 지방정부의 정책이 중앙정부의 정책과 분기하는 현상도 일어나고 있다는 것이다. 중앙정부의 정책이 지역 경제에 영향을 주는 경우 중앙정부와 다른 정책을 추진하기도 하는 것이다. 예컨대, 2017년 중국의 관광 제한으로 역내 관광산업이 타격을 받으며 지역경제가 침체되자 이를 타개하기 위해 지방정부의 수장이 양안교류의 촉진을 모색하는 경우도 생겨난 것이다.

대만 사회에서는 지방자치제도의 실시로 인해 지방정부의 자치사무 범위와 지방정부 수장의 직능 권한이 명확해지면서 지방정부의 정치적 위상이 강화되었다. 중앙정부에서는 외교 고립의 현실적 문제를 돌파하기 위해 무실외교를 추진하기도 하며, 이 과정에서 도시외교가 대만 외교의 현실적 제한을 완화하는 주요 대안으로 자리 잡기도 했다. 지방지차제도의 정착과 대만외교의 제약은 지방정부가 도시외교를 적극적으로 추진하는 기폭제가 되기도 한다.

2. 대만 지방선거의 발전 과정

지방선거는 중앙선거와 달리 다른 지역과 배타적인 지역 내 이익을 반영하고 공유하는 집단이 존재하기 때문에 지방정부 구성 과정에서 지역적 특수성과 이익이 고려된다. 지역의 핵심 산업, 경제 수준, 사회 기반시설의 유무 등 다양한 차원에서 지역의 이익이 구성된다.

대만의 총통 직선제는 1996년에 도입되었고, 입법원 선거는 1993년에 도입되었다. 반면에 지방선거는 1977년에 도입되었다. 대만의 지방선거는 초기에는 유권자들이 후보자의 소속 정당을 보고 투표하는 정당 요인이 중요했다. 지방 단위의 선거에서는 비교적 선명한 정치 성향을 지닌 국민당 지지자와 민진당 지지자들이 선거 결과에 영향을 많이 미친 것이다. 그 배경으로는 다음 두 가지 요인이 작용했다.[134] 지방 단위의 농회(農會)는 지방 주민을 결집시키는 기구였고, 이를 중심으로 견고한 국민당 파벌을 형성했다. 1988년 상싱궈의 사망 이후 총통직을 이어받은 리덩휘(李登輝) 총통은 국민당 내에서의 약한 기반을 보완하고 개방된 민주적 선거를 준비하기 위해 지방 단위의 지지세력을 적극 양성했다. 이로 인해 지방 수준의 파벌과 국민당 사이의 관계가 공고하게 형성되었다.[135]

또 하나의 특징으로, 대만의 지방선거가 국민당 통제 하에 있었지만, 민주화 이전에도 선거 과정은 공정하게 진행되었다는 점이다. 이로 인해 무소속 의원이 지방선거를 통해 공직에 진출할 수 있었고, 결원으로 발생한 입법원 보궐선거에서 무소속 의원이 탄생하기도 했다. 이렇게 입법원에 진출한 무소속 의원들이 이후 민주진보당의 모태가 된 당외(黨外) 운동의 주요 구성원이 되기도 했다.[136] 즉, 민주화 이전에 도입된 지방선거는 지방단위에서 국민당 지지자들을 양성하는 효과를 가져왔지만, 다른 한편으로는 선거과정에서 자발적으로 동원된 세력이 이후 민진당 창당의 핵심 구성원이 된 것이다. 초기에 형성된 이러한 지방선거의 특징은 이후 지방단위에서 국민당 지지자와 민진당 지지자를 형성하며 대만 지방선거에 큰 영향을 미쳤다. 따라서 대만의 지방선거에서는 정당 요인과 지역 네트워크가 중요한 결정요인이었으며, 대만 지방선거에서 지역 네트워크가 중요한 연구대상이 되었다.[137]

3. 대만 지방자치의 과제

민주화 과정에서 전국선거와 지방선거 중 어느 선거가 먼저 도입되었는지가 신생 민주주의 사회의 민주주의 안정성에 미치는 영향을 연구한 쉐보르스키(Przeworski)는 지방선거가 전국선거보다 우선 도입될 경우, 지방단위에서 형성된 이해관계가 전국단위의 이해관계보다 우선적으로 작동하면서 사회통합을 어렵게 만든다는 점을 발견했다.[138] 대만의 경우, 민주화 이전에 지방선거가 도입되면서 형성된 국민당 지지 세력과 재야 세력이 민주화 이후에도 중요한 영향을 미치고 있다.[139]

1946년에 촌장(村長) 및 리장(里長), 그리고 향(鄉) 및 진(鎭)의 주민대표에 대한 민선이 실시되었고, 1950년 4월 대만성 각 시(市) 및 현(縣)에 대해 지방자치 실시요강이 공포되었다. 1950년 7월에는 현(縣)·시(市)·향

(郷)·진(鎮)의 단체장 및 지방의원에 대해 민선이 실시되었다. 1954년 4월에 성(省) 의원(대만성, 푸젠성)에 대한 민선이 실시되었고, 1994년 7월에 성현(省縣) 자치법이 제정되었다. 대만성장과 직할시장에 대해서는 민선이 실시되었지만, 푸젠성장은 총통이 계속 임명했다. 성현자치법 제정 전에는 행정원장이 추천한 자를 총통이 성장(省長) 및 직할시장으로 임명했다. 푸젠성 지역의 현장(縣長) 및 현 의원에 대한 직접 선거는 각각 1993년 11월, 1994년 1월에 최초로 실시되었다. 1997년 7월 헌법 개정에 따라 1999년 12월부터는 대만성장 및 성의원에 대한 민선을 중지하고 대만성장은 총통의 임명으로 대체되고 성의원 제도는 폐지되었다. 각 지방자치단체장 및 지방의원 임기는 4년 중임제이다.

대만의 지방 행정 구역은 6개의 직할시(臺北, 新北, 桃園, 臺中, 臺南, 高雄), 13개 현(縣), 3개 시(市), 368개 향전시구(郷鎮市區: 146郷, 38鎮, 14市, 170區; 2015년 10월 이후) 등으로 구성되어 있다. 직할시는 중앙정부가 직접 관할하며, 현할시(縣轄市)는 현(縣) 정부가 관할한다. 직할시는 인구 125만 명을 초과하는 대도시이며, 현할시는 현 내 인구가 15~50만 규모의 상공업이 발달한 지역이다. 향(郷)과 진(鎮) 아래에는 리(里)와 촌(村)이 설치되어 있다.

민주주의 체제 하에서 지방자치의 가치는 국민에게 더 많은 제도와 사회적 선택의 기회를 제공하는 데 있다. 따라서 지방 정치와 사회, 행정의 지도자들은 민주적이고 발전적인 자치 사회를 만들어야 한다. 그러나 지방자치는 ① 자원의 희소성과 분배 부족, ② 관리능력과 기능의 부족, ③ 지방 할거주의, ④ 지방자치의 권한 부족, ⑤ 도농 간 분배 충돌 등의 문제를 안고 있다. 대만의 지방정치 발전도 이런 구조적 난국을 극복해야 할 과제를 안고 있다. 한편 대만의 지방정부는 중앙집권적인 제도로 인해 자치 능력이 여전히 취약한 것으로 나타났다. 또한 지방자치 생태계의 악화로 중앙과 지방의 정치적 대립 및 지방정부와 지방의회 간의 대립과 충돌이 발생하고 있다. 특히 지방의 편협하고 대립적인 정치, 지방 계파나 돈에 의해 움직이는 정치, 나아가 정당 대립의 정치구조 속에서 협상과 합의의 문화가 형성되지 못했다. 이는 현재 대만의 지방자치가 안고 있는 구조적 딜레마이다.

제3장 중국의 지방자치

제1절 중국 지방자치의 개관과 발전

1. 중국 지방자치의 개관

중국은 단일국가이자 일당 집권체제인 중국공산당이다. 중국 특색의 사회주의 국가 체계로서 모든 권력은 전국인민대표대회로부터 나오며 중앙집중제적 권력구조를 취하고 있어 중국 공산당 당규를 중심으로 모든 헌법과 법률이 이루어진다. 이에 지방은 중앙에 통제를 받을 수밖에 없으며 자치에 대한 한계를 갖는다. 중국은 지방자치를 일정한 영토의 범위 내에 전체 주민으로 이뤄진 법인 단체(지방자치단체)가 헌법과 법률이 정하는 범위 내에서, 국가의 감독을 받아 자치의 뜻대로 지방자치 기관을 조직하고 자체 재정을 이용해서 자치 내의 공공 사무를 처리하는 지방정치 제도이다. 따라서 중국은 헌법·법률 및 중국공산당 당규를 중심으로 지방 관련 제도의 기본 질서의 근거를 찾을 수 있다.

중국에서 국민이 국가권력을 행사하는 기관은 전인대와 각급지방인대

164 한국과 동아시아 지방자치제도의 이해

이며, 정치권력의 행사기관이 중앙국가권력기관과 지방국가권력기관으로 이원화 되어있다. 그러므로 지방자치에 관한 문제는 지방인대의 권한 문제로 귀결되며, 다만 중국의 지방정권기관은 지방인대와 지방정부로 구성되어 있어, 양자의 긴밀한 협력관계로 지방정권이 작동된다. 장기적인 계획경제로 말미암아, 고도의 집권 하에서 지방정부는 오직 중앙정부의 집행자, 중앙정부 의지의 대리기구로만 간주되어 왔다. 따라서 어떤 의미에서는 지방정부의 연구가 곧 중앙정부의 연구이고, 바로 전반적으로 정부를 연구하는 것이다. 그러나 지방정부는 중앙정부와 같지 않다. 그들은 서로 다른 지위, 다른 권력, 다른 직책을 가지고 있고, 서로 다른 기능을 발휘하고 있으며 서로 다른 책임을 이행하고 있다. 즉 정부를 하나의 시스템으로 본다면, 정부에는 중앙정부와 각 지방정부가 있다. 동시에 여러 부문과 기구를 포함하여 다양한 역할을 담당하는 특정의 조직들이 서로 연결되고 서로 작용하는 시스템이다. 시스템의 각 부분은 간단한 조직이 아니라, 조합과 조화 및 유기적인 결합을 요구한다. 예를 들면 중앙정부와 지방정부는 상호간의 관계를 잘 조정해야 하고, 중앙과 지방의 관계가 합리적으로 이루어져야 국가의 통일과 정치적 안정을 보장할 수 있다. 각급 정부의 객체, 대상이 다르기 때문에 그들의 권리, 직책, 구조체계, 직능, 재정, 관리방식 등도 서로 차이가 있는데, 이러한 것들은 모두 각급 정부의 기본 문제이고, 각급 정부가 정부로 불릴 수 있는 구성요소이기도 하다.

중국 지방 자치체계에는 민족지역 자치, 특별구 자치, 기층군중 자치 세 가지 자치형식이 있다. 각 형식의 형성 배경, 특징, 운영체제에서 모두 차이가 있으며, 담당하는 직책과 발휘하는 기능과 작용도 상이하다. 그리고 일반적인 지방자치가 있다. 즉 민족지역의 자치, 특별행정구 자치, 기층군중

자치에 관해서는 헌법 및 법률로 자치에 관한 규정을 정확하게 명시하고 있으나 일반지방에 대해서는 자치라는 용어를 언급하지 않고 있다. 그럼에도 불구하고 현재 중국의 일반지방 중에서 성급 지방과 지급 지방에서는 지방자치 형태 및 제도가 작동되고 있음 알 수 있다. 게다가 중국 일반지방 관점에 맞추어 일반지방 자체 권한을 부여한 헌법 제3조 제4항은 지방에 적용되는 원칙에서 볼 수 있듯이 지방의 주동성, 적극성의 원칙이 명시되어 있다. 즉 지방의 주동성, 적극성의 원칙은 헌법해석을 통해 지방자치의 원칙으로 볼 수 있으며 중국의 헌법은 지방자치 원칙을 승인하고 있다라고 볼 수 있다. 다시 말해 헌법상에 그 지방자치의 원칙을 명시하고 있지 않다고 해서, 외관상 지방자치가 존재하지 않는 것은 아니다. 따라서 중국의 지방제도는 다양성, 원칙성, 독창성 등의 특징을 가지고 있으며, 민주집중제의 원칙에 따라 지방자치 형태를 갖추고 운영되고 있다.

따라서 중국의 헌법과 법률에 기한 중국의 지방자치 관련, 민족구역자치, 특별행정자치, 기층군중의 자치, 일반지방의 자치를 보자면, 첫째, 민족구역자치 제도이다. 국가의 통일적인 지도하에 각 소수민족이 모여서 사는 곳에서 구역자치를 실행하고 자체 기관을 설립하여 자치권을 행사하는 제도이다. 민족구역자치 제도는 중국의 기본정치 제도 중 하나이며 중국의 특색인 사회주의 정치를 건설하는 중요한 내용이다. 민족구역자치 제도는 통일된 조국의 대가족에서 국가의 통일적인 지도를 받아 소수민족이 모여 사는 지역에서 그와 상응하는 자치기관을 설립하고 자치권을 행사하여 본 민족과 본 지역 내의 내부 사무를 자주적으로 관리하고 주인으로서의 권리를 행사하는 것이다.

둘째, 특별행정자치구이다. 특별행정구인 고도자치구의 약칭은 '행정 특구'이며 중국의 판도 내에서 중국의 헌법과 기본법의 규정에 따라 설정한 특수한 법률적 지위가 있고 특별한 정치와 경제제도를 실행하는 행정구역을 가리킨다. 또한 특별 특구의 정부는 그가 관할하는 지역사회의 정치, 경제, 재정, 금융, 무역, 공상업, 토지, 교육, 문화 등 측면에 대해서 고도의 자치권을 가진다는 규정이 있고, 이것은 '일국양제'의 구체적인 실천이다.

셋째, 기층군중자치이다. 기층군중(基層群衆)의 자치는 주로 군중(群衆)이 법에 따라 직접 민주권리를 행사하고, 기층(基層) 공공사무와 공익사업을 관리하며, 자기관리, 자기서비스, 자기교육, 자기감독을 하는 것으로 표현되며, 기층(基層) 민주의 주요 실현형식이다. 헌법과 관련 법률의 규정에 근거하여, 도시와 농촌에서 주민의 거주지역에 따라 기층 군중성(基層群衆性) 자치조직을 도시 주민위원회(城市居民委員會)와 농촌 촌민위원회(農村村民委員會)로 나누어 설립했다.

넷째, 일반지방이다. 중국의 일반지방자치제도에 관한 법과 현실의 괴리를 살펴보면 중국의 일반지방자치는 지방의 독립문제, 민족문제와 대만문제로 연결되어 있으며 지방자치를 주장할 경우 자칫 국가분열세력으로 배척될 위험이 있기에, 법 규정에 지방자치라는 용어를 찾아볼 수 없다. 그러나 중국의 헌법상 지방자치원칙을 승인하고 있는지 여부에 관해 헌법 제3조 제4항은 지방에 적용되는 원칙인 지방의 주동성, 적극성의 원칙으로 중국의 헌법은 지방자치 원칙을 인정하고 있음을 알 수 있다.

2. 중국 지방자치의 발전

중국의 국가 구조 형식은 역사적 전통적으로 통일된 전제주의 중앙집권제이다. 진시황(秦時皇)이 통일한 이후 일시적인 분열과 다수의 정권이 동시에 공존하는 과정에서 주도적인 통일된 중앙집권제(中央集權制) 국가형태를 형성했다. 다민족 국가의 모든 권력은 지방 각급 정부를 통해 이루어지고 다원적인 관료 기구를 거쳐 상층부로 취합되어 황제의 수중에 귀속됨으로써 황권의 일원화된 통치를 실현하였다. 비록 중국 역사 발전의 어떤 시기에도, 결국 장기간의 역사 발전 과정 중에 중국의 각 민족, 각 지역이 분할할 수 없는 연계를 형성하고 있었기 때문에 통일은 사회 발전의 전반적인 흐름이다. 이런 역사 발전의 방향은 중국 봉건사회에서 시종일관 관통되어온 사실이었다. 고대 중국에는 연방제 국가가 있을 수 없었으며, 근대에 들어와서도 연방제라는 국가 구조 형태는 등장한 적이 없었고, 오랜 역사적 전통에 따라 중국은 언제나 단일제의 국가 구조 형태를 형성해 왔다. 결국 장기간의 역사 발전 과정 중에 중국의 각 민족, 각 지역이 분할할 수 없는 연계를 형성했기 때문에 통일은 사회 발전의 전체적인 흐름이었다.

신중국 성립 후, 중국은 역사상 유례없는 국가대통일과 민족대단결을 실현하여 중화민족 역사 발전의 신기원을 열었다. 중국의 사회주의 성격과 역사적 전통에 근거하여 국가 구조 형식은 중앙집권적의 단일제를 채택하였다. 현재 일반 행정구역인 성(省), 시, 현(縣), 향(鎭)이든 민족구역 자치 단위인 자치구, 자치주(自治州), 자치현(自治縣)이든 모두 중앙의 통일된 영도 아래 일정부분 다른 수준의 자치권을 가진 지방 행정단위이며, 연방제회원국의 지위를 가지고 있지 않다.

중국 지방자치의 시도는 19세기 말 20세기 초의 중국은 내우외환의 시기를 겪게 되었고, 청 왕조 정권통치의 합법성이 유례없는 도전을 맞이하였다. 이러한 역사적 배경에서 망국(亡國)을 구제하기 위해 중국의 정치 엘리트들은 강국의 각종 정치혁신 방안을 탐구하고 시도하기 시작하였으며, 지방자치운동도 이에 따라 성행하였다.

근대에 들어선 중국은 지방자치의 실시에 관해 총 세 번의 기회가 있었지만 모두 저버렸다는 평가가 있다. 첫 번째 기회는 청말민초(淸末民初) 시기이다. 1906년 11월 조서(詔書)에 의해 대신(大臣)들은 지방자치를 실시하기 위한 예비조치를 구상했다. 1908년 청왕조는 헌정편사관(憲政編查館)에서 작성한 9년간 입헌을 준비하기 위해 각 해마다 마련해야 하는 사무 리스트(逐年籌備事宜淸單)를 반포하여 지방자치의 실시를 기획하고 추진했다. 위안스카이가 정권을 독점한 후 1914년 지방자치의 추진을 전면 정지시켰다. 두 번째 기회는 1910년대 말부터 1920년대 초이다. 이 시기에는 국가가 안정적이지 않아 잦은 정권교체와 헌법의 개정 및 헌법개정시도가 빈번하였으며 내전이 많이 발생했다. 세 번째 기회는 1940년대 중반이다. 1946년 1월 16일 정치협상회의에 제출한 중국공산당 대표단의 평화건국강령초안(和平建國綱領草案)에서는 지방자치를 명시하고 5가지 주장을 제시하였다. 1949년 9월 내전에서 승리를 거둔 공산당은 그의 주도로 제정한 '중국인민정치협상회의 공동강령'에서 민족구역자치 제도를 채택함으로써 연방제를 대체하였고, 지방자치의 문제는 언급하지 않았다. 이렇게 근대시기 지방자치의 실시에 관해 총 세 번의 기회를 모두 저버렸던 것이다.

이후 중국은 1949년 10월 1일 중화인민공화국의 건국을 시작으로 중국 현대 헌정사 전개가 시작되었으나 흔히 중국 이외의 나라에서 말하는 헌정과는 다른 중국만의 특색이 있는 사회주의 헌정이 만들어졌다. 즉 자본주의식의 민주가 아닌 사회주의식의 민주라는 점, 영국식의 의회제도가 아닌 전인대 제도라는 점, 공산당의 영도를 받아야 한다는 점에서 중국만의 특색을 가지는 사회주의 헌정이다. 이에 1978년 중국공산당은 국가의 현대화 건설을 당의 업무중심이라고 선포한 후, 정상적인 국가생활이 1982년 헌법을 통해 추진되었다. 무엇보다 1978년 이전의 중국은 철저한 계획경제체제를 시행했고, 지방은 중앙에서 주어진 지표만 완성하면 되었기 때문에 지방 스스로의 발전을 필요로 하지 않았다.

그러나 1978년부터 점진적으로 도입된 시장경제체제는 이후 지방의 활성화에 커다란 영향을 주면서, 최초 1982년 헌법을 도입할 때는 계획경제를 위주로 하고 시장조절을 보조로 하는 경제체제를 채택했다. 이후 1993년의 헌법개정을 통해 사회주의 시장경제체제를 도입하게 되면서 지방의 자주성을 촉진하는 데 중요한 역할과 지방이익의 형성에 일조하면서 지방자치에 활성화를 보였다.

제2절 중국의 특별유형 지방자치

1. 중국 민족지역의 자치

중국의 각 민족 간의 관계는 언제나 중국의 중요한 문제로서 각 민족 간의 관계를 잘 처리할 수 있는지의 여부가 집권자에게 많은 영향을 미쳤다. 중국 공산당은 성립 후 점차적으로 자신의 민족정책을 형성했으며 이는 최종적으로 기본적인 정치 제도로 확립되었다. 이것이 바로 중국의 특색이 있는 민족구역자치 제도이다. 이 제도는 중국 공산당이 전국의 정권을 획

득함에 따라 전국적으로 보급되었으며 지속적으로 발전해 나갔다. 중국의 민족 자치지역은 하나 또는 여러 소수민족이 집중 거주하는 지역에서 지역 자치를 실행하는 행정 구역을 말한다. 다시 말해 국가의 통일적인 지도하에 각 소수민족이 집중 거주하는 지역에서 자치를 실행하고, 자치기관을 설립하여 자치권을 행사함으로써, 중국의 민족 단결과 민족의 공동 번영을 이루고 있다.

1) 중국 민족구역자치의 개념

역사적으로 중국은 한족을 제외한 55개의 소수민족을 진한(秦汉) 이래 줄곧 통일된 다민족 국가를 형성했다. 신중국 성립 이후 60여년 넘게 민족자치 구역을 유지하면서 민족자치제도는 중요한 정치제도 중 하나이며 중국의 3대 기본 정치제도 중의 하나이다. 이러한 중국의 민족구역자치 제도는 다른 자치보다도 정치와 매우 밀접한 관계를 갖고 있다. 55개의 민족 간의 모순을 방지하고 각 민족 간의 관계를 조화롭게 처리하는 것이 공산당 정권을 유지하는 것이며 집권자에게도 직접적인 많은 정치적 영향을 미친다. 1949년《중국인민정치협상회의 공동강령》에는 "소수민족이 많이 거주하는 지역에 민족구역 자치를 실시하여 민족이 많이 거주하는 인구의 수와 지역적 크기에 따라 각종 민족자치기관을 설치한다."라고 명시되어 있다. 이후 민족구역자치는 역대 헌법에 명시돼 중요한 정치제도가 됐다.

중국의 민족구역 자치는 5개의 민족 자치구(自治区), 30개의 자치주(自治州), 120개의 자치현(自治县), (기)(旗)로 구성되어 있다. 중국의 민족자치 지역은 전 중국에 분포되었지만 주요한 5대 민족 자치구에 집중되었다. 민족구역 자치구는 성(省)급과 동일한 행정 단위이며, 성(省), 직할시(直辖市)

와 동등한 1급 행정 구역 단위이고 성에서 1급 민족자치 지역이다. 동급성(省), 직할시(直辖市)의 국가기관 권리 이외의 민족과 관련된 자치권리를 수행할 수 있다. 자치주(自治州)는 자치구(自治区)와 자치현(自治县) 사이에 있는 민족구역으로 구, 현(县)과 같은 지급시(地级市)와 동일한 1급행정 구역 단위이다. 동일한 지급시(地级市)의 국가기관 권리를 행사하는 이외의 민족과 관련 자치권도 행사할 수 있다. 자치현(自治县)은 현(县)급 행정 기관으로 현(县)과 같은 행정구역 기관이다. 동급 국가기관의 권리를 수행하는 동시에 민족관련 자치권을 수행할 수 있다. 민족 자치지역의 행정 지위는 원칙적으로 각 자치지역 크기와 인구수에 따라 결정되며, 자치구(自治区)는 성(省)과 동일하며, 자치주(自治州)는 지급시(地级市)와 동일하며, 자치현(自治县)은 현(县)과 동일한 지위를 가지고 있다. 현재 중국의 성(省)급 민족자치구는 모두 5개 있다. 1947년 5월 1일 내몽골 자치구(内蒙古自治区), 1955년 10월 1일 신장웨이우얼자치구(新疆维吾尔自治区), 1958년 3월 15일 광시 좡족 자치구(广西壮族自治区), 1958년 10월 25일 닝샤 회족 자치구(宁夏回族自治区), 1965년 9월 9일 티베트 자치구(西藏自治区)가 설립되었으며, 민족구역 자치를 실시하는 민족이 44개에 이른다.

구체적으로 민족자치 지방의 자치 기관의 자치권을 보면 다음과 같다;

첫째, 민족 입법권이다. 민족자치지방 인민대표대회는 현지의 정치경제문화의 특정에 따라 자치조례와 단행조례를 제정할 수 있다. 자치조례는 본 지방에 민족구역 자치를 실시하는 것과 관련된 기본적인 문제를 규정하고 있으며, 단행 조례는 본 지방에서 민족구역 자치를 실시하는 특정 부분에 관한 구체적인 사항을 규정하고 있다. 자치조례와 단행조례는 국가법과 정책의 규정에 대해 변통적인 집행할 수 있다.

둘째, 변통집행권이다. 상급 국가기관의 결의와 결정, 명령과 지표가 민족자치 지방의 실정에 부합하지 않으면 자치기관이 상급 국가기관의 승인을 받아 변통 집행하거나 집행 정지할 수 있다.

셋째, 재정경제자주권이다. 중국의 민족자치지방 자치기관은 재정적 영역에서 자율권이 크고 국가의 배려와 혜택을 받을 수 있다. 아울러 민족자치지방의 재정수입과 재정지출 항목은 국무원이 민족자치지방을 우대한다는 원칙에 따라 규정한다. 국가의 규정에 근거하여 민족자치지방에 속하는 재정 수입은 모두 민족자치 지방의 자치 기관이 자율적으로 사용한다. 그리고 민족자치지방은 재정지출을 국가규약에 따라 기동자금을 설립하고 예비비가 일반 행정구역보다 높게 책정된다.

넷째, 문화 및 언어문자자주권이다. 민족자치지방의 자치기관은 어느 정도의 문화적 자주권을 가진다. 민족자치지방의 자치 기관은 공무를 집행할 때, 본 민족의 자치지방자치조례에 따라 현지에 통용하는 한 가지 또는 몇 가지 언어의 문자를 사용할 수 있다고 규정하고 있다. 동시에 언어, 문자를 사용해서 공무를 집행할 때 지역자치를 실행하는 민족의 언어문자를 위주로 할 수 있다.

다섯째, 공안 부대의 조직권이다. 민족자치 지방의 자치기관은 국가의 군사제도와 현지의 실제 필요에 따라 국무원의 승인을 받아 이 지방의 사회 치안을 담당하는 공안부대를 조직할 수 있다.

여섯째, 소수민족간부의 우선 임용권이다. 민족자치지방의 자치기관이 사람을 채용할 때는 지역자치를 시행하는 민족의 인원에 대한 적절한 배려가 있어야 한다. 민족자치지방의 기업, 사업체는 국가 규정에 따라 인원을 모집할 때 소수민족 인원을 우선 선발하고 농촌과목축구의 소수민족 인구

중에서 모집할 수 있다고 규정하고 있다.

2) 중국 민족구역자치의 구성

중국의 민족구역자치 지역이 형성되면 자치 기관도 자동적으로 설립되게 되는데 모든 지역 자치 기관은 국가 중앙정부 기관들과 연결되며, 그 기관 체계의 한 구성이 된다. 민족구역자치지역 관련 헌법과 〈자치법〉의 규정에 의하면, 민족자치지역의 자치 기관은 자치구, 자치주, 자치현의 인민대표 대회와 인민 정부이며, 민족자치지역의 법원과 검찰원 기관도 함께 지역자치구 역할을 한다고 명시되어 있다. 또한 각 민족자치 지방의 인민정부는 본급 인민대표대회와 상급 국가행정기관에서 업무를 책임지고 보고해야 한다. 민족자치지방의 인민정부는 국가행정기관으로 모두 국무원 통일지도하에 국무원에 복종한다라고 되어 있다.

자치구, 자치주, 자치현의 인민대표 대회와 인민 정부를 보면, 인민대표 대회는 민족자치지역의 국가 권력 기관이 되며, 민족자치지역의 인민 대중이 자주권을 행사하는 중요한 조직 형식을 갖는다. 또한 민족자치지역의 인민정부는 민족자치지역의 중요한 자치 기관인 동시에 해당 급의 인민대표대회의 집행 기관이다. 즉 자치법(自治法)을 보면, 각 민족자치지역의 인민 정부는 모두 국무원의 통일적인 지도 아래에 있는 국가 행정 기관이며 모두 국무원에 복종한다. 그러므로 민족자치지역의 인민 정부는 모두 이중성을 가지고 있는데 그것은 곧 민족자치지역의 자치 기관이자 국가 행정 체계의 구성 부분이라는 것이다. 즉 일반적인 인민 정부와 구별된다는 것이다. 그 중 자치구, 자치주, 자치현의 인민대표대회 상무위원회는 각급 인민대표대회의 상설기구이고 민족자치지역의 자치 기관이 된다.

민족자치지역의 소수민족이 진정으로 자주권을 행사하고 그 합법적 권익을 보장하기 위해 헌법과 조직법(组织法) 및 기타 법률 법규를 통해 그에 상응하는 규정을 하고 있다. 다만 민족자치지역의 인민 법원과 인민 검찰원의 경우에는 민족구역 자치 기관이 아니라 국가의 통일된 사법 체계의 구성이다. 즉 민족자치지역의 인민 법원과 인민 검찰원은 해당 급의 인민 대표대회 및 그 상무 위원회에 책임지고 있으며, 상급 인민 검찰원도 책임지고 있다. 따라서 민족자치지역 인민 법원의 재판 업무는 최고 인민 법원과 상급인민 법원의 감독을 받으며, 민족자치지역의 인민 검찰원의 업무는 최고 인민 검찰원과 상급 인민 검찰원의 지도를 받는다.

이외에 자치법(自治法)에 의하면 '민족자치지역에 기타 소수민족이 거주할 경우 관련 자치지역 또는 민족향(民族乡)을 건설해야 한다(中华人民其和国民族区域自治法, 2001)고 규정되어 있다. 민족향(民族乡)은 소수민족 집거지에 건설된 향(乡)급행성 구역이고 자치권을 수행할 수 없다. 하지만 관련 규정 특히 민족향 업무 조항(民族乡业务项目)을 보면 민족향 향장은 소수민족 간부가 맡아야 되며 민족향 인민 정부에서 관련 업무 인원을 배치할 때 민족 인원과 기타 소수민족 인원을 배치하고 업무 수행을 할 때 현지에서 통용되는 언어 문자를 사용해야 된다고 규정되었다.

3) 중국 민족 자치의 핵심 5성(省)

중국은 각 민족으로 이루어진 통일된 다민족 국가로 인구가 1,444,216,102명(2021년 10월 통계)으로 세계에서 인구가 가장 많은 나라이다. 그러다 보니 경제와 문화의 발전도 균형을 이루지 못하고 있다. 따라서 민족구역자치를 통해서 각 민족의 발전과 국가의 번영을 이루고자 했으며,

민족 문제와 민족 관계를 더 효과적으로 보장하고자 한다. 즉 민족구역자
치제도를 도입하면서 각 민족이 인민의 주인으로서의 민주 권리를 보장하
였으며 평등하고 단결하고 조화로운 민족 관계를 강화시켜 국가 통일을 유
지하고, 지역의 경제발전과 각 구역의 사회진보를 가속화시키는 데에 중요
한 의의를 담고 있다. 민족구역 자치를 통해 영토의 완전과 국가의 통일을
바탕으로 국가의 집중되고 통일적인 지도와 민족구역자치의 효과적인 결
합을 원한다. 즉 이런 제도 아래에서 소수민족은 본 민족에 대한 사랑과 조
국을 사랑하는 마음을 하나로 연결시켜 사회주의를 더 안정적으로 발전시
키는 데 목적이 있는 것이다. 이에 민족자치구의 중심이 되고 있는 내몽고
자치구(內蒙古自治区), 신장 위구르 자치구(新疆维吾尔自治区), 광시 장족 자
치구(广西壮族自治区), 티베트자치구(西藏自治区), 영하 회족 자치구(宁夏回族
自治区)을 5곳 민족 자치구를 구체적으로 살펴보면;

첫째, 내몽고 자치구(內蒙古自治区)이다. 중국에서 가장 처음 설립된 성급
민족 자치구이자 중화인민공화국이 성립되기 전 1947년 5월 처음으로 설
립된 자치구로서 의미가 크다. 이에 내몽고 자치구의 성립은 민족구역 자
치 사상을 이용한 중국 공산당의 중요한 실천이며 민족구역자치 제도의 정
식적인 확립을 상징한다. 1947년 4월 23일 내몽골 인민대표 대회 개회로 5
월 1일을 내몽고 자치구 성립 기념일로 정했으며, 9개의 지급시(地级市)와 3
개의 맹(盟)으로 구성되어 있다. 현재 이 지역에서는 한족, 몽골(蒙古)족을
비롯한 만(满)족, 후이(回)족, 다워얼(达斡尔)족, 어원커(鄂温克)족 등 49개
민족이 살고 있다. 내몽고(內蒙古)는 자원이 풍부하고 초원, 삼림과 일인당
경작지 면적이 중국에서 1위를 차지하며 희토류 금속 보유량도 세계 1위를
차지하는 중국 제일의 초원 방목지이다. 내몽고 자치구의 경제 종합 경쟁

력은 전국 18위 정도를 차지하고 있으며, 지속 가능한 발전 경쟁력, 산업 경제 경쟁력, 발전 환경 경쟁력 가능성을 보이고 있다.

둘째, 신장 위구르 자치구(新疆维吾尔自治区)이다. 신장 위구르 자치구는 두 번째로 설립된 자치구(自治区)로 신중국 성립 후 1955년 10월 1일 건설된 첫 성급 민족 자치구(自治区)이다. 기존 신장(新疆)에는 한족, 위구르(维吾尔)족, 하사크(哈萨克)족, 후이(回)족 등 13개의 역사가 유구한 민족이 있었는데 현재는 47개 정도의 민족이 살고 있다. 자치구(自治区) 면적은 1,664,900㎢이고, 2014년 총인구는 22,984,700명이다. 그 중 도시 인구는 10,589,100명이고 농촌 인구는 12,395,600명으로 도시화 비율은 46.07%에 도달하였다. 신장 자치구의 경제 종합 경쟁력은 전국에서 25위를 차지하고 있다.

셋째, 광시 장족 자치구(广西壮族自治区)이다. 광시 장족 자치구는 중국에서 설립된 세 번째 자치구(自治区)로서, 1958년 3월 5일 광시 장족 자치구 제1회 인민대표대회 1차 회의에서 자치구(自治区) 성립을 반포했다. 광시 장족 자치구 면적은 237,600㎢, 2020년 총인구는 5,012만여 명이다. 광시 장족 자치구의 관할은 14개 지방시(地方市), 50개의 현(县), 12개 자치현(自治县), 9개현급시(县级市), 40개 시할구(市辖区)로 분류된다. 장족 인구는 총인구의 36.84%를 차지하고 있으며 그 거주지역은 자연자원이 풍부하고 한족 인구가 많으며 경제 문화가 발달하여 광시 장족 자치구의 성립은 상호 촉진과 공동 발전에 긍정적인 영향을 준다. 12개 민족이 생활을 하고 있고 이밖에 40여 개 기타 민족 구성원들도 포함되어 있다.

넷째, 영하 회족 자치구(宁夏回族自治区)이다. 1958년 10월 24일 영하 회족 자치구 제1회 인민대표대회 1차 회의가 서막으로, 1958년 10월 25일 자치구(自治区)가 정식으로 성립되었다. 영하 회족 자치구 면적은 66,400㎢이다. 한족 이외에 회(回)족, 위구르(维吾尔)족 등 소수민족이 생활을 하고 있다. 영하 회족 자치구의 경제 종합경쟁력은 27위 정도를 차지하며, 발전 환경 경쟁력과 발전 수준 경쟁력은 중간 위치에 속한다고 할 수 있다.

다섯째, 티베트자치구(西藏自治区)41)이다. 티베트 자치구는 5대 자치구(自治区)로 1965년 9월 1일에 자치구가 정식으로 성립되었다. 가장 늦게 성립된 티베트 자치구 면적은 1,228,400㎢이며, 총인구는 350만여 명이다. 티베트(西藏)는 짱(藏)족을 주체로 민족자치를 유지하고 있다.

4) 중국 민족지역 자치에 관한 법률체계

민족 자치권(民族自治权)은 민족구역 자치의 핵심 내용이고 민족 자주권의 실현을 보장하며 민족구역자치 제도를 실행하는 중요한 목표이다. 자치권이란 민족자치 지역의 자치권이 헌법과 민족지역 자치법, 기타 법률 규정에 의해 현 지역 민족의 정치, 경제, 문화적 특징을 결부하여 현지 지역 사무를 자주적으로 관리하는 일종의 특정한 민족의 권리이자 국가 권리이며 자신들의 합법적 권익을 보장하는 중요한 담보이다. 게다가 민족자치권(民族自治权)은 헌법에서 민족구역자치 제도의 중요한 내용으로 규정되어 있고, 민족지역 자치법은 자치권을 직접적으로 그 입법의 주요 내용으로 삼았으며, 전체 법률의 대다수 조례에 언급되어 있다. 따라서 헌법에 민족구역 자치의 규정을 실행하는 것은 이 제도를 실행하는 근본적인 원칙이자 민족구역 자치법은 이 제도를 실시하는 국가의 기본 법률이다. 따라서 사회주의 민족구역 자치법률 체계의 점진적 구축과 건전화를 통한 중국 민족구역 자치제도의 지속적인 발전과 제도 완벽화를 위한 기틀을 제공한다.

1982년 12월의 제5회 인민대표대회 제5차 회의에서 새로운 〈중화인민공화국 헌법〉(이하 1982년 헌법으로 약칭)이 통과되면서 민족구역자치의 법제화 건설을 촉진시켰다. 이에 1984년 5월 31일 중화인민공화국 제6기 전국인민대표대회 제2차 회의에서 7장 67개 조문으로 구성된 〈민족구역 자치법〉이 통과되어 민족구역 자치의 기본 문제에 대해 전면적인 규정이 이루어졌으며, 이는 중국 민족구역 자치법률 체계가 전면적으로 규정되면서 새로운 법제화 수준으로 끌어올렸다. 2001년 2월 28일 국가의 정치, 경제, 사회 및 법률 제도 발전의 실질적인 필요에 따라 제9기 전국인민대표대회 상무위원회 제20차 회의에서 〈중화인민공화국 민족구역 자치법〉 개정에 관한 결정을 통과시켜 해당 법률제도를 보다 완벽하게 발전시켰다. 이것은 국가의 기본적인 법률 형식으로 국가 사회, 정치, 생활에서 민족구역 자치의 위치를 확립하고 또한 국가 차원의 강제력을 통해 국가 기본정치 제도의 효과적인 실시를 확보한다는 것을 의미하는 것이다.

게다가 공산당의 19대 보고서에 의하면, '법에 따라 국가를 전면적으로 다스린 것은 중국 특색 사회주의의 근본적인 요구와 중요한 보장이다. 혁명 기지, 민족 지역, 변방 지역, 빈곤 지역의 발전을 대대적으로 촉진하고, 서부 대 개발이 새로운 구도를 이루도록 조치를 강화하고, 동북 등 공업기지의 진흥을 가속화하도록 개혁을 심화하고, 중부지역의 대두를 촉진시키는 선도적 역할을 발휘하고, 혁신으로 동부 지역의 최적화 발전을 선도하고, 보다 효과적인 구역 조정을 위한 새로운 메커니즘을 수립해야 한다. 즉, 중국 사회에서 민족구역자치에 관한 법적 건설을 강화시키는 것은 '법치 중국'의 중요한 구성 부분인 동시에 민족구역에서 조화로운 발전 전략을 실시하는 중요한 제도적 보장임을 강조하고 있다. 법에 따라 나라를 다스리는 것을 강화하고 법치를 지방자치로 심화시키는 것은 민족지역자치 제도가 건전하게 발전할 수 있는 전제적인 조건이다.

따라서 중국은 헌법과 민족구역 자치법을 중심으로 기타 일부 부수적인 법률로 구성된 중국 민족 법률 체계를 점진적으로 발전시키고 있다. 다시 말해 국가의 근본 법령인 헌법에서 민족구역의 자치조례를 규정하고, 국가의 기본법률 형식으로 민족구역자치법을 구현하며, 민족자치지역의 자치 조례와 단행조례, 변칙적 규정과 보완규정 등 민족구역 자치의 행정 법규와 규칙을 통해 지방적 색채를 지닌 민족구역 자치법규와 규칙을 규정한다. 이와 같이 헌법과 민족구역 자치법을 핵심으로 구축된 법률 체계는 민족구역자치 제도가 지속적으로 보완되고 발전할 수 있는 법적 보장의 기틀을 제공하고 있다.

2. 중국 특별행정구의 자치

특별행정구(Special Administrative Region)는 중화인민공화국 행정구역 내에서 헌법과 법률의 규정에 따라 특별한 법적 지위를 갖고 특별한 사회제도, 정치제도, 경제제도, 문화제도 등을 시행하는 지방행정구역을 말한다. 특별행정구와 중앙정부의 관계도 중앙과 지방이 관계이다. 현재 중국에는 두 개의 특별행정구가 있다. 각각 홍콩 특별행정구와 마카오 특별행정구이다. 전인대는 상기 헌법조문을 근거로 각기 홍콩 기본법과 마카오 기본법을 제정하였다. 중앙인민정부와 특별행정구의 관계는 단일제 국가구조 내에서 중앙과 지방 사이의 관계로 특별행정구는 고도의 자치권을 갖고 있어도 국가의 주권을 누리지 못하며, 외교와 국방의 권한이 없고, 독립된 정치 실체도 아니다. 그 법적 지위는 성, 자치구, 직할시와 동일하다.

1) 중국 특별행정구 개념

중국의 특별행정구는 홍콩 특별행정구와 마카오 특별행정구이다. 특별행정구 기본법의 규정에 의하여 홍콩과 마카오 특별행정구는 중국에서 고도의 자치권을 향유하는 지방행정 구역이다. 전국인민대표대회에 의해서 부연된 홍콩과 마카오 행정구는 행정 관리권, 입법권, 독립적인 사법권과 최종심판권을 가지고 있으며, 실질적인 독립성을 가지고 있어 중국 다른 지역의 자치에 비해 홍콩과 마카오의 고도의 자치는 더 많은 권리를 향유하는 일국양제이다. 즉 중국은 헌법과 특별행정구 기본법에 일국양제(一國兩制) 제도를 실행하여 "하나의 국가, 두 가지 제도"라고 규정했다. 당시 중국근대사는 침략과 반침략의 투쟁사이며, 각종 불평등조약의 체결로 중국의 영토가 불완전하게 되었다. 중화인민공화국이 성립되었을 때까지 중국의 실질적인 영토는 완전성이 여전히 결여된 상태였다.

중국 중앙정부는 대만, 홍콩, 마카오 문제를 더욱 합리적으로 해결하기 위하여 1982년 12월 제5차 전국인민대표대회 제5차 회의에서 결의하여 〈중화인민공화국 헌법〉을 통과시켰다. 그중 31조는 "국가는 필요한 경우 특별행정구를 설치할 수 있다."고 규정한다. 그 헌법정신에 따라 1984년 9월 26일 베이징에서 중국과 영국은 홍콩 문제에 관한 공동 성명을 체결했다. 1987년 3월 26일 중앙정부와 포르투갈 정부는 마카오 문제에 관한 성명을 체결했다. 이로써 "한 국가, 두 제도"는 중국에서 본격적으로 형성되기 시작했고, 홍콩과 마카오로 각각 분리됐다. 이로써 중국 중앙과 지방의 관계는 또 하나의 새로운 형태가 되었는데, 그것은 중앙과 특별행정구의 관계이다. 일국양제의 사상은 창조적이다. 이러한 일국양제(一國兩制) 구상에 따른 특별행정구 설치는 중국의 단일국가구조 성격을 바꾸지 않았다.

1990년 4월 4일 반포된〈중화인민공화국 홍콩특별행정구 기본법〉제1조에 의하면 "홍콩 특별행정구는 중화인민공화국이 분리할 수 없는 부분이다."는 것이다. 이 밖에 기본법은 홍콩 특별행정구가 중앙인민정부에 직할할 것을 규정하고 있다. 중앙인민정부는 홍콩 특별행정구와 관련된 외교업무와 국방을 담당할 것, 중앙인민정부는 기본법의 관련 규정에 따라 홍콩 특별행정구의 행정장관과 행정기관의 주요 관료를 임명할 것, 기본법의 최종 해석권과 개정권은 전국인민대표대회(전인대) 상무위원회에 속할 것, 홍콩 특별행정구의 입법기관이 재정한 법률안은 전인대 상무위원회 예비안을 보고해야 한다. 예를 들면 전인대 상무위원회는 어떤 법률도 기본법의 중앙관리 사무 및 중앙과 홍콩 특별행정구 관계의 조항에 부합하지 않는다고 생각하면 이를 거부할 수 있다, 거부된 법률은 즉시 효력을 상실한다는 등 내용으로 규정되어 있다. 이 규정들은 일국양제 하의 특별행정구의 설치가 두 나라 혹은 일부분의 국가가 아니며, 더구나 국가 연맹이 아니라 현재 실행하고 있는 단일제를 고수하고 있음을 잘 보여준다.

다른 한편, 대만 문제의 경우, 중국은 홍콩, 마카오, 대만에서 시행하고 있는 자본주의 제도를 감안하여 이들에 대한 수복(收復)과 국가의 통일을 조속히 실현하기 위해 일국양제(한 나라 두 가지 제도)의 정책을 추진하였다. 이러한 정책에 의해 홍콩, 마카오, 대만이 중국에 의해 수복되면 중국 내륙지역에서 시행하고 있는 사회주의제도를 그들에게 강요하지 않고 그들이 종전에 시행했던 자본주의 정치, 경제제도를 계속 존속하도록 하는 것이다. 이럴 경우 홍콩 · 마카오 · 대만은 고도의 정치적 자치권과 각기 다양하고 독립된 입법·행정·사법 및 관세에 관한 권한을 부여받게 되고 각 지역을 상대로 국가가 제정한 기본법을 적용받는다.

특히 1997년 홍콩, 1999년 마카오의 중국 변환, 그리고 앞으로의 대만 관계를 생각할 때 경제특구를 매개로 한 홍콩, 마카오, 대만과 중국 간의 경제교류 진전은 무엇보다 중요한 경제특구의 성과이다. 경제특구의 성장에 홍콩, 마카오, 대만은 중요한 역할을 담당했다. 이들 지역으로부터의 기업진출이 중국 내 기업들을 경제특구로 유치하는 데 매우 중요한 역할을 했기 때문이다. 마찬가지로 경제특구도 홍콩 마카오 대만의 경제성장에 중요한 역할을 해왔다. 홍콩의 경우는 특히 그렇다. 만약 경제특구가 없었다면 현재 홍콩의 경제성장은 이루어지지 않았다 해도 과언이 아니다. 그리고 대만도 직접투자. 무역 등을 통해 적지 않은 이익을 향유했다. 경제특구와 홍콩, 마카오, 대만은 지난 16년 동안 서로 공존공영하면서 일체화되어가고 있다. 게다가 대만의 경우에는 군사권한도 부여받을 수 있다. 홍콩과 마카오는 이미 1997년과 1999년에 회귀(回歸)되었고, 대만에 대해 중국대륙은 일국양제 정책에 기한 특별행정구제도의 적용을 고안하고 있다는 점에서 향후 대만의 회귀가 이루어진다면 특별행정구제도를 적용하게 될 것이다. 이러한 의미에서 본 논문은 홍콩·마카오를 비롯한 대만지역에서 적용하게 될 특별행정구 제도를 연구의 범위에서 배제한다.

2) 중국 특별행정구와 중앙정부의 밀접한 관계

홍콩과 마카오 특별행정구는 중화인민공화국의 고도의 자치권을 가진 지방행정구역으로 중앙인민정부에서 직할한다. 따라서 외교, 국방, 행정, 입법, 사법 등 5개 방면에서 특별행정구와 중앙의 구체적인 관계를 유지하고 있다.

첫째, 외교방면에서 말하면 중앙인민정부는 특별행정구와 관련된 외교업무를 책임하고 관리할 수 있는 권력이 있다. 중화인민공화국 외교부는 특별행정구에서 기관을 설치하여 외교사무를 처리할 수 있는 권한이 있다. 이와 동시에 중앙인민정부가 특별행정구에 권한을 위임한 것은 특별행정구 기본법에 의거하여 스스로 관련된 대외사무를 처리할 수 있다.

둘째, 국방방면에서 중앙인민정부는 특별행정구의 국방관리를 책임지고 특별행정구정부는 특별행정구의 사회치안의 유지를 책임진다. 그리고 중앙인민정부가 특별행정구에 파견하여 국방 업무를 담당하는 군대는 특별행정구의 지방업무에 관여하지 않는다고 규정한다. 이와 동시에 특별행정구 정부는 필요시 중앙인민정부에 주둔군의 치안유지와 재해구호를 요청할 수 있다. 주둔군들은 전국적인 법외에 특별행정구역의 법도 준수해야 한다. 주둔군 비용은 중앙인민정부가 부담한다.

셋째, 행정방면에서 중앙인민정부는 특별행정구 기본법 제4장의 규정에 따라 특별행정구 행정장관과 행정기관의 주요 관원을 임명한다. 행정관리권을 갖는 특별행정구는 특별행정구 기본법의 규정에 따라 특별행정구의 행정업무를 스스로 처리한다. 중앙인민정부 소속의 각 부서, 각 성(省), 자치구, 직할시는 모두 특별행정구역이 본 법에 근거하여 자체적으로 관리하는 사무에 관여해서는 안 된다. 특별행정구에서 기구를 설립하려면 특별행정구 정부의 동의와 중앙인민정부의 비준을 받아야 한다. 그리고 특별행정구는 중국베이징에서 사무기구를 설치할 수 있다.

넷, 입법방면에서 특별 행정구는 입법권을 가진다. 특별 행정구의 입법기관이 제정했던 법률은 전국인민대표대회 상무위원회에 보고해야 한다.

특별행정구역에서 시행되는 법률은 특별행정구 기본법 및 기본법 제8조에 규정하는 특별행정구 기존법과 특별행정구 입법기관이 제정하는 법률이다. 전국인민대표대회 상무위원회는 전쟁상태를 선포할 수 있거나 특별행정구 내에서 특별행정구 정부가 통제할 수 없는 국가의 통일 또는 안전을 위태롭게 하는 혼란이 발생하여 특별행정구에 비상사태를 선포할 것을 결정할 수 있다. 그리고 중앙인민정부는 전국적인 법률을 특별행정구에 시행할 것을 명령할 수 있다.

다섯째, 사법방면에서 말하면 특별행정구는 독립된 사법권과 최종 심판권을 가진다. 특별행정구 법원은 홍콩의 기존법제도와 원칙이 법원의 재판권에 대한 제한을 유지하는 것 외에 특별행정구의 모든 사건에 대해 재판권을 갖는다. 특별행정구 법원은 국방 외교 등 국가 행위에 대해 관할권이 없다. 특별행정구 법원은 재판에서 국방, 외교 등 국가 행위와 관련된 문제가 있는 경우 행정장관이 이 문제 등에 대해 발부한 공문을 받아야 한다. 이 공문들은 법원에 구속력을 갖는다. 하지만 행정장관은 공문을 보내기 전에 중앙인민정부의 증명서를 발급받아야 한다.

3) 중국 특별행정구의 관한 법률

특별행정구제도 헌법 제31조는 국가가 필요한 경우에 특별행정구를 설치할 수 있고, 특별행정구 내에서 실시되는 제도는 구체적인 상황에 따라 전국인대가 법률로 정한다고 규정하였다. 전인대는 각각 1990년과 1993년에 《중화인민공화국 홍콩 특별행정구 기본법》과 《중화인민공화국 마카오 특별행정구 기본법》을 통과시켰다. 기본법 제12조는 특별행정구는 중화인민공화국의 고도의 자치권을 가지고 중앙인민정부에 직할하는 지방행정구역이라고 규정하고 있다. 중국 학계에서는 이러한 홍콩 기본법과 마카오 기본법을 헌법성 법률로 받아들이고 있다. 문제는 상기 헌법조문에서 특별행정구의 설치와 법률유보를 규정하였을 뿐, 특별행정구에서 자치를 실시하는지 여부에 대한 언급이 없었다는 것이다. 다만 특별행정구에서의 자치 관련 규정은 홍콩 기본법과 마카오 기본법에서 드러나고 있다. 홍콩 기본법과 마카오 기본법의 규정에 의해 특별행정구가 고도의 자치권을 향유하는 중국의 지방행정구역임을 확인할 수 있다. 또한 이러한 특별행정구는 중앙정부에 의해 직할된다. 홍콩 기본법과 마카오 기본법에서 각기 홍콩과 마카오에서의 자치를 명시하고 있다는 점을 감안하여 여기서는 특별행정구를 제외한다.

홍콩과 마카오 기본법의 규정에 의하여 홍콩과 마카오 특별행정구의 고도 자치권의 기본법의 규정 내용은 아주 광범위하고 특히 입법권, 행정관리권, 독립적 사법권과 최종 심판권 세 가지 측면에 다른 지방과 다르게 독립성을 갖는다.

첫째, 입법권이다. 입법권은 홍콩과 마카오 특별행정구가 향유하는 고도 자치권에서 중요한 표현이다. 중국은 단일제 국가 구조 형식이기에 전통적 국가 관리 이론에 따라 입법권은 국가의 입법기관에 의해서 통일적으로 행사된다. 지방 행정구역은 헌법과 법률에 저촉되지 않는 범위 내에서만 지방성 법규와 지방정부의 규칙과 제도를 자주적으로 제정하는 권리가 있다. 중국 중앙정부가 홍콩과 마카오 특별행정구에 입법권을 부여한 것은 홍콩과 마카오 특구의 번영과 안정을 유지하고 국가의 통일을 실현하기 위한 것이다. 그러나 앞에서 설명한 바와 같이 고도의 자치를 행사하려면 반드시 '도'가 있어야 한다. 비록 홍콩과 마카오 특별행정구가 입법권이 있어도 그것은 절대적이고 한도가 없는 입법권을 향유한다는 뜻이 아니다. 특별행정구의 입법권은 반드시 제한이 있어야 하며 입법권을 행사할 때는 헌법의 기본적인 원칙을 지키는 것이 반드시 그 기초가 되어야 한다. 중앙은 특별행정구의 입법에 대한 등록과 거부권이 있지만 홍콩과 마카오 특별행정구의 고도의 자치권을 존중하고 보장하기 위해 전국인민대표대회 상무위원회는 특별행정구가 제정한 법률을 수정하는 권한은 없다. 전국인민대표대회 상무위원회가 홍콩과 마카오 특별행정구가 제정한 법률이 헌법과 홍콩 마카오 특별행정구의 기본법의 상관 규정에 부합되지 않음을 인식할 때 해당 법률을 거부할 수 있지만 수정할 수 없으며, 특별행정구의 입법기관에 맡겨서 처리하도록 해야 한다.

둘째, 행정관리권이다. 행정관리권은 홍콩과 마카오 특별행정구가 행사하는 고도 자치권 중의 하나이다. 그러나 특별행정구가 관리하는 행정사무와 분야가 많기 때문에 홍콩과 마카오 기본법은 행정관리권의 범위를 일일이 명확히 규정할 수 없다. 홍콩과 마카오 행정구가 향유하는 주요한 행정관리권은 정책 제정 및 발령권, 정부의 중요 책임자의 임명권, 사회치안 관리권, 재정 독립권, 금융 관리권, 무역 관리권, 항해 관리권, 교육 관리권, 과학기술관리권, 사회 복지권 등을 포함한다.

셋째, 독립적 사법권과 최종 심판권이다. 독립적 사법권과 최종 심판권은 특별행정구의 고도 자치권의 현저한 특색이다. 다른 국가의 정치와 법률 제도를 살펴보면 독립적인 사법권을 향유하는 지방 정부가 없다. 다원화의 법률 질서는 정치 공동체의 완전성과 조화성에 심각한 위험을 초래하기 마련이다. 중앙정부가 사법권과 최종 심판권을 홍콩과 마카오 특별행정구에 맡기는 기본 출발점은 바로 '일국양제'의 원칙하에 국가의 통일을 실현하고 홍콩과 마카오 특구의 번영과 안정을 지키고, 홍콩과 마카오 특구의 고도의 자치를 실현하기 위한 것이다.

4) 홍콩 특별행정구와 일반자치단체와의 차이점

홍콩 특별행정구와 이외의 일반자치단체와의 확연히 다른 차이점을 가지고 있다. 예를 들면 민족구역자치권은 국가가 소수민족 지역에 부여하는 한 가지 자치권이며, 이는 법률의 규정에 의해 소수민족 지역의 인민에게 본 민족 지역 내의 내부 사무를 자주적으로 관리하도록 부여되는 권리이다. 성격 측면에서 보면 양자는 한 가지 지방 자치권이다. 그러나 행정구의 특수한 역사와 현황으로 인해 두 가지 자치권 간에 현저한 차이가 있다.

첫째, 권리 부여의 목적과 취지가 다르다. 중국의 이 두 가지 자치제도는 행사하는 권리에 차이가 있을 뿐만 아니라 실질적으로도 차이가 있다. 국가가 홍콩 특별자치구에 부여한 고도 자치권의 취지와 목적은 국가의 통일과 영토의 완전함을 지키기 위하여, 또한 홍콩 특별행정구의 경제상의 번영을 위한 것이다. 가장 특수한 점은 역사 사정으로 인해 홍콩 특별행정구는 영국의 식민지였고 그동안 줄곧 자본주의 제도를 실행해왔기 때문에 특별행정구의 정치, 법률, 경제제도 등은 중국대륙의 제도와 많은 차이점을 가지고 있다는 것이다. 그러므로 이런 특수한 배경 하에서 중국은 특별행정구의 역사와 현실에서 출발하여 특별행정구의 번영과 안정을 지키기 위해 특별행정구에 고도의 자치를 부여하였다. 그러나 중국 민족구역자치권이 부여된 취지는 국가의 통일을 유지하는 기초 위에 민족의 특색을 유지하여 민족간의 평등과 단결을 촉진하기 위한 것이다. 각 소수민족이 본 민족의 특색과 맞춰서 소수민족지역의 경제와 문화를 발전시키고, 민족평등,

단결, 공동의 번영과 발전을 촉진시키는 것에 목적이 있다.

둘째, 권리 행사의 환경과 조건이 다르다. 중국대륙에서 실행된 제도는 사회주의 제도이며 중국대륙은 사회주의의 특색을 지적으로 발전시켜왔다. 그러나 특별행정구의 고도 자치권은 자본주의 제도와 자본주의 시장의 경제체계 아래서 실행된 것이다. 민족구역자치의 자치구역은 자치구, 자치주, 자치현으로 분류된다. 자치의 기관은 자치구, 자치주, 자치현의 인민대표대회와 인민정부이다. 특별행정구의 고도 자치는 반드시 헌법과 기본법을 준수하고, 국가의 통일을 지키고, 특별행정구의 번영과 안전을 유지하는 전제하에 행사될 수 있다. 특별행정구는 중앙인민정부의 직할에 속하는 성, 자치구, 직할시와 같은 급이면서도 고도의 자치를 향유하는 새로운 지방 행정구역이며 1급 정부와 1급 정권만 있다.

셋째, 국가의 정책과 보장이 다르다. 민족자치지역의 자치기관은 현지의 인민대표대회와 지방정부이다. 자치권 중의 하나는 소주민족이 정부의 지도자를 직접 담당하는 것이며, 자치권의 다른 하나는 정책과 법률을 자주적으로 제정하는 것이다. 자치기관은 현지의 실질적인 상황에 따라 국가의 법률, 정책을 시행하고 본 민족자치지역의 내부 사무를 자주적으로 관리할 수 있다. 민족구역자치에서 입법권의 주체는 민족자치 지역의 인민대표대회이다. 경제자치권 측면에서 티베트는 줄곧 전국보다 3%가 낮은 세금 혜택 정책을 집행하고 있는 동시에 농민과 유목민 대상자의 세금은 면제된다. 그 외에 금융 측면에서 티베트는 전국보다 2%가 낮은 우대 대출 금리와 저 보험료율을 줄곧 실행하고 있다. 특별행정구에서 입법기관, 사법기관, 행정기관은 각자 맡는 직책을 관장하며 자체직원의 범위 내에서 고도의 자치권을 누린다. 공무원은 모두 현지의 공민이 담당한다. 특별행정구는 재정적으로 고도의 독립을 향유하고 특별행정구의 재정수입은 모두 특구에 의해서 자유롭게 운영되고 중앙인민정부에 납부하지 않는다. 또한 특별행정구는 독립 외교권이 없지만 대외사무에서는 상당한 독립 역할을 할 수 있는 동시에 자체의 명의로 일부 국제 조직에 가입할 수도 있다.

넷째, 특히 기층 민중자치제도에서도 차이점이 있다. 중국은 기존의 헌법과 관련된 법률의 규정에 의하여 도시와 농촌에서 주민거주지 별로 주민대중 자기교육, 자기관리, 자기서비스 식의 기층 대중성 자치조직을 설립한다. 촌민위원회는 국가 기관이 아닌 자치 기관이며, 주로 민중에게 다양한 공공시설과 서비스 등을 직접 제공한다. 이와 달리 홍콩 특별행정구는 고도 자치지역이라 사법, 화폐금융 정책, 외교와 국제 경제무역 협력 등 측면에 대한 명확한 규정이 있으며, 정치 사건이 아닌 대외 사무를 독립적으로 처리할 수 있다. 따라서 양자는 두 가지 전혀 다른 제도이다.

3. 중국 기층군중의 자치

1) 기층군중(基層群衆) 자치의 특징

중국은 주민의 거주지역에 따른 기층 군중성(基層群衆性) 자치조직인 도시 주민위원회(城市居民委員會)와 농촌 촌민위원회(農村村民委員會)를 설립했다. 기층군중(基層群衆)의 자치란 군중(群衆)이 법에 따라 직접 민주권리를 행사하고, 주요 임무는 본 거주지역의 기층(基層) 공공사무와 공익사업을 관리하고 처리, 주민위원회(居民委員會)와 촌민위원회(村民委員會)를 통해 주민 중재, 치안, 공공의료, 위생 등 관련 위원회 설립, 민간분쟁 조정, 관련 부문을 협조하여 사회치안 유지, 정신문명(精神文明) 건설을 전개하며, 정부에 군중(群衆)의 의견, 건의를 반영하고 요구를 제기하는 것이다. 주민위원회(居民委員會)와 촌민위원회(村民委員會)는 정부조직이 아니고, 그들의 업무는 현(縣) 또는 진(鎭) 인민정부의 지도하에 진행된다.

기층군중(基層群衆) 자치를 대대적으로 발전시키는 것은 중국 민주정치 건설의 중요한 내용이다. 기층군중(基層群衆) 자치를 통해 직접 민주를 실행하여, 사회주의 민주가 광범한 군중(群衆)에게 부여한 민주권리를 기본제도와 법률의 규정에서부터 일반 민중(民衆)이 직접 볼 수 있고 실용성이 있는 구체적인 방식이 되게 하여야 한다. 기층(基層) 자치가 점차 발전하고 끊임없이 보완되면서 사회주의에서도 직접 민주의 범위도 끊임없이 확대되고, 더욱 많은 사람이 민주권리를 누리고 행사할 수 있게 되는 것이다.

《촌민위원회 조직법(村民委員會組織法)》의 실행은 농촌기층(農村基層) 권력기구의 변화를 일으켰을 뿐만 아니라, 국가 정권 및 정치체제의 다방면의 변화와 공산당 조직의 민주화도 촉진하였으며, 공산당의 지도방식과 방법을 개선하고 공산당 권력의 합법성을 강화하는 등 국가 정치체제 개혁 중의 근본적인 문제를 해결함에 있어서 탐구적 해결방법을 제시하였다. 촌민 자치의 민주실천에서 평등, 공정, 성실 등 민주정치의 심리의식이 많은 민중(民衆)의 마음속에 축적되기 시작하였고, 공민의식이 점차 형성되고 있다. 따라서 기층군중(基層群衆) 자치를 대대적으로 발전시킴으로써 기층군중(基層群衆) 자치를 통해 직접 민주를 실행하여, 사회주의 민주가 광범한 군중(群衆)에게 부여한 민주권리를 기본제도와 법률의 규정에서부터 일반민중(民衆)이 직접 볼 수 있고, 실용성이 있는 구체적인 방식으로 사회주의에서도 직접 민주의 범위도 끊임없이 확대되고, 더욱 많은 사람이 민주권리를 누리고 행사하고자 하는 것이다.

2) 기층군중(基層群衆) 자치의 발전

1987년 11월 14일, 전국 인민대표대회 상무위원회(常務委員會)에서《중화인민공화국 촌민위원회 조직법(시행), 中華人民共和國村民委員會組織法(試行)》과 1989년《도시 주민위원회 조직법(城市居民委員會組織法)》이 통과되면서 전면적인 규정에 근거하여 효과적인 운영이 시작하였다. 촌민위원회 조직법(村民委員會組織法)에 의하면, 헌법 제111조의 규정에 근거하여, 촌민위원회(村民委員會)의 성질, 지위, 직책, 형성방식, 조직기구와 업무방식, 촌민회의의 권력과 형식 등에 대해 전면적으로 규정하였다. 이 조직법에서는 촌민위원회(村民委員會)가 기층군중(基層群衆) 자치조직임을 명시하면서 그 자치성에 대해서도 명확한 규정하였다. 또한 도시 주민위원회 조직법(城市居民委員會組織法)에 의거한 "주민위원회(居民委員會)는 주민이 자기관리, 자기교육, 자기서비스를 하는 기층군중성(基層群衆性) 자치조직"임을 명시했다. 1998년 11월 4일 새로운《촌민위원회 조직법(村民委員會組織法)》이 실행되면서, 농촌 사회주의 민주의 발전과 촌민 자치를 실행하는데 중요한 법적 보장을 제공하는 계기를 마련했다.

2007년 10월, 후진타오(胡錦濤)는 17차 전국대표대회 보고에서 "인민대표대회 제도, 중국 공산당이 영도하는 다당합작(多黨合作)과 정치협상제도, 민족지역 자치제도 및 기층군중(基層群衆) 자치제도를 견지하고 보완하며, 끊임없이 사회주의 정치제도의 자기보완과 발전을 추진하여야 한다."고 제기하였다. 이는 "기층군중(基層群衆) 자치제도"를 처음으로 당대표대회(黨代會)의 보고에서 언급한 것으로, 정식으로 인민대표대회제도, 중국

공산당이 영도하는 다당합작(多黨合作)과 정치협상제도, 민족지역 자치제도와 함께 중국 특색이 있는 정치제도 범주에 포함되었다. 인민은 법에 따라 직접 민주권리를 행사하고, 기층(基層) 공공사무와 공익사업을 관리하며, 자기관리, 자기서비스, 자기교육, 자기감독을 실행하고, 간부(幹部)에 대해 민주 감독을 하는 것은 인민이 나라의 주인이 되는 가장 효과적이고 가장 광범위한 수단으로, 반드시 사회주의 민주정치를 발전하는 기초적 건설사업으로 간주하여 중점적으로 추진하여야 한다. 기층(基層) 공산당 조직이 영도하는 활력이 넘치는 기층군중(基層群眾) 자치 조직을 보완하고 기층군중(基層群眾)의 자치 범위를 확대하고 민주관리제도를 보완하여, 도시와 농촌 지역사회를 관리가 질서적이고, 서비스가 온전하며 문명한 사회생활 공동체로 건설하여야 한다.

3) 도시 사구(社區)의 자치

도시 사구(社區) 자치라는 것은 사구 주민이 일정한 조직형식을 통하여, 법에 따라 자주적으로 민주 선거, 민주 결정, 민주 관리, 민주 감독을 통하여 사구(社區)체제를 창설하고 사구(社區)의 자원을 최적화하고 사구(社區)의 기능을 보완하여, 끊임없이 사구(社區) 주민의 물질과 정신생활의 품질을 높이는 것을 말한다. 사구(社區) 이익 관련자는 면담 협상을 통하여 분쟁을 없애고 인식의 일치를 달성하며, 자원을 통합하고 협력 행위를 취하여 공통으로 사구(社區)의 공공사무를 관리한다.

도시 사구(社區)자치의 기본적인 상징은 사구(社區)가 외부 역량의 강제적 간섭이 없이 자기관리, 자기제약의 운행상태에 들어갈 수 있는 것이고, 제도적 조건은 이익 관련자가 일대일의 민주 협상규칙을 인정하고 따르는 것이며, 체제적 조건은 법률, 법규, 정책의 조정 및 사구(社區) 사무와 사회 조직의 분화이다. 그럼에도 그 동안 중국은 전통 행정관리 체제의 영향을 받아 각급 정부는 아직 관리직능의 한계가 모호하고 권리와 책임이 명확하지 않다. 비록 법률은 사구(社區) 주민위원회(居民委員會)가 군중성(群眾性) 자치조직이라고 규정하였으나, 실제 운영 과정에서는 여전히 비교적 강한 행정 색채가 존재하고 정부 사무와 자치조직의 사무를 효과적으로 구분하지 못하고 있다.

사구(社區)의 투표 선거, 경비 내원, 인사 배치 및 임무의 확정 등은 모두 정부 및 가도판사처(街道辦事處)의 지도와 통제를 받고, 많은 지방정부는 주민위원회(居民委員會)에 대한 지도책임을 관리책임으로 바꾸고 직접 주민위원회(居民委員會)의 관련 종사인원을 임명하고 직접 주민위원회(居民委員會)의 일상활동을 관리하였기 때문에 사구(社區) 자치에서 체제상 장애물이 되었다. 사구 주민위원회(社區居民委員會)는 사실상 정부의 준하속(準下屬) 기구로, 그 직능은 가도판사처(街道辦事處)와 대응하여 설치된다. 주민위원회(居民委員會)는 경제와 관리 면에서 가도판사처(街道辦事處)에 의존하는데, 여러 가지 요소로 인해 사구(社區)가 법에 따라 그의 민주자치 직능을 효과적으로 이행하지 못하게 한다.

따라서 중국도 법률, 법규에 부합되는 사구(社區) 자치제도를 구축하고 보완하여 "정부는 법에 따라 행정하고, 사구(社區)는 법에 따라 자치한다(政府依法行政, 社區依法自治)"는 원칙을 지키고, 정부 직능부문, 가도판사처(街道辦事處)와 사구(社區) 3자의 직책을 한층 더 명확하게 하여 업무의 중점을 사구(社區)를 지도, 지원, 서비스하고 도와주는 데 두고 정부조직 간소화와 하급 기관으로의 권한 이양을 실현하며, 일련의 조치를 취하여 진정으로 정부의 직능을 관련 부문이 단독으로 이행하고 임의로 사구(社區)에 넘기지 않도록 할 필요성이 있다.

4) 농촌기층(基層) 자치

농촌기층(基層) 자치제도를 촌민자치 제도라고도 한다. 이는 중국 공산당과 인민민주독재의 사회주의 국가 정권의 영도하에, 농촌 거주지역에서 조직한 농민 군중(群衆)이 주인이 되어 자기의 사무를 관리하는 새로운 기층(基層)사회 정치제도이다. 〈촌민위원회 조직법(村民委員會組織法)〉에서는 "촌민위원회(村民委員會)는 촌민이 자기관리, 자기교육, 자기서비스를 하는 기층군중성(基層群衆性) 자치조직으로 민주선거, 민주결정, 민주관리, 민주감독을 실행한다. 촌민위원회(村民委員會)는 본 마을의 공공사무와 공익사무를 처리하고 민간의 분쟁을 조절하며, 사회치안 유지를 협조하고 인민정부에 농촌 주민의 의견, 요구와 건의를 반영한다."고 규정하였다. 그러므로 중국의 촌민자치는 바로 농촌지역의 농민이 기층(基層)사회에서 법에 따라 자치권을 행사하고 자기의 일은 자기가 관리하는 것을 실행하는 일종의 기층군중(基層群衆) 자치제도이다.

그러나 헌법을 기초로 하고 〈촌민위원회 조직법(村民委員會組織法)〉을 핵심으로 법규, 규정과 기타 규정성 문서를 보충으로 하는 촌민자치 법률 체계상 현재 중국 촌민자치의 주요한 근거는 〈촌민위원회 조직법(村民委員會組織法)〉이다. 법률 정책은 전국의 상황을 고려하여 제정한 것이기 때문에 보편적인 지도가치만 있을 뿐 선거방법, 위법에 관한 판정, 사법 구제 등에 대해 명확하게 규정하지 않았다. 게다가 각 농촌지역의 상황은 천차만별(千差萬別)이고, 각 마을에서 나타나는 문제는 복잡하고 다양하기에 보편적 의의만 있는 법률제도로서 각 농촌의 촌민자치 운영을 효과적으로 지도하기 어려운 상황이다. 또한 농촌 시장경제(市場經濟)의 발전수준은 비교적 낮고, 촌민자치와 농촌 기층(基層)민주의 발전에 대한 추진역할도 비교적 약하다.

중국 대부분의 농촌에는 여전히 비교적 심각한 경제빈곤 문제가 존재한다. 따라서 향진(鄕鎭) 경제에 대한 의존도가 높아지고, 향진(鄕鎭)정부가 권력 상호작용의 주도와 우월적 지위에 있게 되어 사구(社區)에 더욱 많은 행정명령을 내리고 직접 간섭을 하게 되는 문제점이 나타나고 있다. 농촌의 향진(鄕鎭)정부에 대한 경제적인 의존은 촌민자치가 쉽게 행정권에 부속되게 하고, 농촌관계가 대부분 관리와 피관리의 관계로 표현되게 하여 촌민자치의 취지와 멀어지게 한다. 따라서 여러 가지 효과적인 관련 법률, 법규의 교육을 하고 농민들의 법치의식, 법에 따라 촌을 치리하는 이념을 강화하여 촌민자치 활동이 제도화, 규범화, 절차화가 필요하며, 〈촌민위원회 조직법(村民委員會組織法)〉에 관련된 법률과 법규를 하루속히 제정하여 촌민 자치기구의 법적 지위, 촌민자치의 방식, 자치기구의 임무, 기능, 촌민의 권력과 의무, 촌민소조(村民小組) 조장(組長)의 선출, 직책, 임기, 촌민사치권을 침범한 법적 책임 등에 대해 냉확한 규성의 개선이 요구된다.

제3절 중국의 일반지방 자치

1. 중국 일반지방 자치(권한)의 특징

중국은 일반 행정구역이 23개, 직할시가 4개, 자치구가 5개, 특별행정구 2개가 모두 34개의 성(省)급 행정구가 있다. 중국 중앙정부와 일반정부 관계는 중국의 사회주의적 성격과 중앙집권적인 단일제 형식으로서 아주 밀접한 관계로 얽히고설켜 있다. 즉 일반 지방행정구역은 중앙의 통일된 지도하에 어느 정도의 지방권력을 가진 지방행정 단위이다. 위에서 언급했듯이, 지방의 경우 일반지방, 민족자치지방, 특별행정구로 구분한다. 중국에 지방자치가 존재하는지 여부에 대해 학계에서는 논쟁이 있다. 이에 이미 비교적 발달한 지방자치제도가 있다고 보는 반면, 중국의 지방자치제도는 그 수준이 높지 아니하고 지방자치제도를 심도 깊게 더 한층 보완해야 한다는 견해도 있다. 후술하겠지만 다수설상 중국에는 지방자치제도가 존재한다. 그렇다면 상기 민족자치지방·기층군중조직·특별행정구를 제외한 일반지방에도 자치가 존재하는지가 의문이다. 이러한 의문에 대하여 중국 일반지방 관점에 맞추어 일반지방 자치권한을 부여에 관한 그 제도와 그 내용에서 살펴본다.

첫째, 헌법 및 국가기관구성 관련 기본법률상 지방자치원칙을 승인여부이다. 중국의 헌법상 지방자치원칙을 승인여부 관련 헌법 제3조 제4항에서는 "중앙과 지방국가기구 권한은 중앙의 통일된 영토를 준수하고 지방의 주동성과 적극성을 충분히 발휘한다."라고 규정함으로써 잠정적으로 지방자치의 원칙을 부여했다는 해석이 가능하다. 즉 명확한 지방자치라는 용어를 언급하고 있지 않지만 지방의 주동성과 적극성이라 단어를 사용함으로써 보편적인 지방의 자치원칙을 어느 정도 인정하고 실질적으로 일반지방에 막강한 권한을 보유하고 있다. 다만 중국 헌법은 중앙을 중심으로 중앙 권한이 집중되고 지방자치에 관한 법제화가 미비한 점이 있으나 제도적으로 역할에 있어 주동성과 적극성으로 그 역할을 어느 정도 부여되고 보장되어 있음을 보여주고 있다. 또한 민족자치지방의 경우 헌법 제4조 제3항은 각 소수민족이 거주하는 지방은 구역자치를 실행하고, 자치기관을 설립하며, 자치권을 행사하고, 각 민족자치지방은 모두 중화인민공화국의 불가분한 부분이라고 규정하면서 구역자치와 민족자치를 명시하고 있다. 특별행정구의 경우도 홍콩 기본법 제2조와 마카오 기본법의 제2조는 전국인대가 특별행정구에 기본법의 규정에 따라 고도(高度)의 자치권을 부여하고, 특별행정구는 행정관리권, 입법권, 독립된 사법권과 종심권을 향유한다고 규정하면서 특별행정구에서의 고도 자치권을 명시하고 있다.

둘째, 지방의회의 구성여부이다. 헌법 제95조 제1항은 성, 직할시, 현, 시, 시 할구, 향, 민족향, 진에 인대와 인민정부를 설치한다고 규정하면서 지방인대와 지방정부의 구성을 명시하고 있다. 일반지방인대는 지방의 권력기관일 뿐만 아니라 지방의 민의기관 및 의결기관이라는 점에서 지방의회의 역할을 한다. 그러므로 중국의 4급 일반지방인 성급 지방, 지급 지방, 현급 지방, 향급 지방에는 모두 의회가 구성되어 있다고 볼 수 있다.

셋째, 지방입법권 보장여부이다. 일반지방의 경우, 헌법 제100조는 성·직할시의 인대와 해당 지방의 구체적인 상황과 실질적인 필요에 따라 헌법, 법률, 행정법규에 저촉되지 아니한 전제 아래에서 지방성 법규를 제정할 수 있으며, 전인대 상무위원회에 등록해야 한다고 규정하면서 지방입법권을 명시하고 있다. 그리고 지급 지방은 입법법에 근거하여 도농건설과 관리, 환경보호, 역사문화보호 등 영역에 관한 사항을 지방성 법규로 제정할 수 있다. 그러나 현급 지방과 향급 지방은 지방입법권이 없다. 이러한 점에서 볼 때 현재 중국 일반지방의 입법권은 성급 지방과 지급 지방에만 부여되고 있다.

넷째, 지방자치 사무배분과 재원보장이다. 헌법 제99조 제1항은 각급 지방인대가 본 행정구역 내에서의 헌법, 법률, 행정법규의 준수와 집행을 보장하고, 법률이 규정한 권한에 의해 결의를 통과하고 반포하며, 지방의 경제건설, 문화건설과 공공사업건설의 계획을 심사하고 결정한다고 규정함으로써 지방자치 사무의 배분을 명시하고 있다. 즉 일반지방에서의 사무배분은 헌법 및 지방조직법에 의해 각 계층별로 구분되어 있다는 점과 대의기관에 의해 통제되고 있다는 점에서 자치사무의 배분이 이루어졌다고 볼 수 있다. 그리고 헌법 제99조 제2항, 지방조직법 제107조 제1항을 살펴보면, "지방인대는 지방예산의 심사, 비준 권한을 가지고 있으며, 지방정부는 법률에 의해 지방재정에 대한 관리권한을 행사한다."라고 명시되어 있다. 따라서 일반지방자치사무의 배분과 재원이 보장되어 있으며, 예산법상 중앙과 지방의 분세제를 채택하고 있음을 알 수 있다. 물론 일반지방의 재원은 현재까지 법률이 아닌 행정법규에 의해 보장되어 왔다는 문제점을 가지고 있다. 하지만 행정법규도 법이라는 점과 예산법상 지방인대는 예산안의 심사비준권을 보유하고, 지방정부는 예산편성권과 집행권을 가지고 있다는 점에서 일반지방의 재정은 법적으로 보장되어 있고, 대의기관인 지방인대의 통제를 받고 있으나 일반지방의 재원이 보장되고 있다.

2) 중국 헌법과 법률상 지방정부의 권한

1982년 헌법은 1982년 12월 4일 제5기 전인대 제5차 회의에서 통과되었다. 이는 1988년, 1993년, 1999년, 2004년, 2018년 총 5차례의 수정을 거쳐 오늘날의 모습을 갖추게 되었다. 현행헌법 제57조 내지 제59조에서 전인대는 최고 국가권력기관이고, 그 상설기관은 전인대 상무위원회이며, 이들은 국가입법권을 행사한다. 전인대는 성급 지방과 군에서 선출된 대표로 구성된다. 또한 현행헌법 제85조에 따르면, 국무원은 중앙정부이고, 전인대의 집행기관이고 최고 국가행정기관이다. 현행헌법 제67조는 지방과 관련된 전인대 상무위원회의 직권에 관해 규정을 하고 있다. 즉 전인대는 성급 지방인대에 의해 제정된 지방성 법규와 결의 중 헌법, 법률, 행정법규와 저촉되는 법규와 결의를 취소시킬 수 있으며, 성급 지방의 계엄을 결정한다.

또한 지방정부에 대한 중앙정부의 직권에 관한 규정은 현행헌법 제89조에서 규정하고 있다. 즉, 중앙정부는 중앙정부 소속 각 부와 각 위원회의 임무와 직책을 규정하고, 통일적으로 각 부와 각 위원회의 업무를 영도하며, 각 부와 각 위원회에 속하지 아니하는 전국적인 행정업무도 영도하며, 통일적으로 각급 지방정부의 업무를 영도하고 중앙과 성급 지방정부 직권의 구체적 내용을 규정하며, 지방정부의 부적절한 결정과 명령을 변경하거나 취소하며, 성급 지방의 구역구획을 비준하고, 지급 및 현급 지방의 폐치분합과 구역구획을 비준한다.

그리고 지방자치에 관해서 현행헌법 제95조 내지 제110조는 지방자치의 조직과 직권 등을 규정하고 있다. 현행헌법 제102조는 지방의 권력기관과 집행기관으로 각급 지방인대와 지방정부라고 규정하고 있다. 지방인대는 지방국가권력기관이며, 현급 이상의 인대만이 상무위원회를 설립할 수 있다. 따라서 향급 지방인대에서는 상설된 인대기관이 없다. 성급과 지급 지방인대는 하일급 인대에서 선출되고, 현급과 향급 지방인대는 선거인이 직접선거 한다. 성급 및 지급 지방인대 대표는 그들을 선거한 하일급 인대의 감독을 받고 파면 당할 수 있다. 그리고 기타 지방인대 대표는 선거인의 감독을 받고 파면 당할 수 있다. 지방인대 대표의 수와 선거방식은 선거법에서 구체적으로 규정하고 있으며 각급 지방인대의 임기는 5년이다.

현급 이상 지방인대의 업무는 ① 해당 행정구역 내에서 헌법 · 법정규정의 준수와 집행을 보증한다. ② 법률이 규정한 권한에 의해, 지방 인대는 결의를 반포하고, 지방의 경제건설 · 문화건설 · 공공사업건설의 계획을 심사하고 결정한다. ③ 현급 이상 지방인대는 해당 행정구역 내의 국민경제와 사회발전계획 · 예산 및 그 집행상황에 대한 보고를 심사하고 비준한다. ④ 현급 이상 지방인대는 그 상무위원회의 적절하지 아니한 결 정을 변경 또는 취소시킬 수 있다. 향급 지방인대의 업무는 현급 지방인 대 업무 중의 ①과 ②의 업무만을 관장한다. 다만 민족향의 지방인대는 법률이 규정한 권한에 의해, 민족특징에 적합한 구체적 조치를 채택할 수 있다(현행 헌법 제99조).

지방인대의 권한을 살펴보면 지방의 계층에 따라서 각급 인대의 권한이 다르다는 것을 알 수 있다. 첫째, 성급 지방인대 및 그 상무위원회는 헌법, 법률, 행정법규에 저촉되지 않는 전제 아래에서 지방성 법규를 제정할 수 있다. 이러한 지방성 법규는 전인대 상무위원회에 등록해야 한다(현행헌법 제100조). 둘째, 지방인대는 해당 정부의 정부 수장을 선거하고 파면할 수 있다. 이러한 정부의 정 · 부 수장은 각기 성장(省長) · 부(副)성장, 시장(市長) · 부시장, 현장(縣長) · 부현장, 구장(區長) · 부구장, 향장(鄕長) ·

부향장, 진장 (鎭長)·부진장이 있다. 셋째, 현급 이상 지방인대는 해당 법원과 검찰원 의장을 선거하고 파면할 수 있다(현행헌법 제101조). 그리고 현급 이상 지방인대에는 상설기관인 상무위원회를 설치하고, 해당 지방인대에서 선거된 주임, 부주임 약간명·위원 약간명이 상무위원회를 구성한다. 단 이들 구성원은 국가행정기관·심판기관·검찰기관의 직무를 병행할 수 없다. 지방정부는 지방국가권력기관의 집행기관인 동시에 지방국가행정기관이다. 지방정부는 성장, 시장, 현장, 구장, 향장, 진장의 책임제를 실시하고 있는데 이를 행정수장책임제라고 한다. 지방정부의 임기는 해당 지방인 대의 임기와 동일하다(현행헌법 제106조). 현급 이상 지방정부의 업무는 지방의 계층에 따라서 관장하는 업무가 다르다.

다음으로 지방자치원칙의 승인여부에 관하여 살펴보면, 현행헌법 제3조 제1항은 중국의 국가기구가 민주집중제의 원칙을 적용한다고 명시하고 있다. 이러한 원칙은 다음과 같이 표현되고 있다. 첫째, 전국인대와 각급 지방인대는 모두 민주적인 선거에서 선출되며 인민에 대해 책임지고 인민의 감독을 받는다. 둘째, 국가 행정기관·심판기관·검찰기관은 모두 인대에서 선출되며 인민에 대하여 책임지며 인민의 감독을 받는다. 셋째, 중앙과 지방의 국가기구 직권의 구획은 중앙의 통일적인 영도를 따르며 지방의 주동성·적극성의 원칙을 충분히 발휘해야 한다. 여기서 지방의 주동성·적극성의 원칙을 주목할 필요가 있다. 비록 현행헌법에서 지방자치의 원칙을 명시하지는 않았지만 헌법해석을 통해, 지방의 주동성·적극성 원칙이 바로 지방자치의 원칙이라는 여지를 남겼다고 본다.

제4절 결론

　중화인민공화국이 일반행정구역, 민족자치구역, 특별행정구역에 대해 주권을 행사하는 것은 바로 중국의 통일된 단일제 국가구조 형식의 구현이다. 국내에서 자본주의 제도를 실행하는 특별행정구는 사회주의 제도를 실행하는 일반 행정구역과 민족자치구역과 마찬가지로 중앙 통일의 영도 아래 있는 지방행정구역이지, 연방제나 연방제 아래의 방, 주 또는 회원국이 아니다. 특별행정구 정부는 지방정부로 그것과 중앙정부의 관계는 중앙과 지방의 관계이며, 그것의 권한은 전인대가 제정한 법률에 의하여 규정된다. 다시 말하면 이 세 유형의 가장 큰 공통점은 중앙의 이들에 대한 행정통제가 같다는 것이다. 특히 민족자치구와 특별행정구는 모두 중앙의 통일된 영도 아래 자치권을 행사하고 외교적인 권한이 없다. 한편 중앙정부는 지방 각급 정부, 민족자치구, 특별행정구에 대해 모두 입법감시통제를 실시하고 있다. 입법통제는 중앙정부가 지방정부에 대한 발생, 직권 등에 관한 법률과 법규를 제정하여 지방정부의 행위를 규율하는 것이다.

　중국 일반 행정구역은 인민대표대회(人大會)를 실시하고 있으며, 민족문제와 홍콩·마카오 문제 등을 해결하기 위해 민족구역자치와 특별행정구 제도 시행하고 있다. 중국은 이들 제도에 대해 헌법에 원칙에 따라 규정하는 것 외에 지방조직법, 민족구역 자치법, 홍콩 마카오 특별행정구의 본법을 제정해 중앙의 지방 단속을 강화하고 있다. 또한 중앙은 상황과 필요에 따라 각 행정구역에 부여하는 권한은 다르다. 민족자치구는 일반행정구역에 없는 자치권을 누리고, 특별행정구역은 일반행정구역과 민족자치구 모두에 없는 고도의 자주권을 가진다. 이 밖에도, 각 행정구마다 또 다른 구체적인 특징을 많이 가진다. 이 세 가지 모형의 차이를 살펴본다.

첫째, 규정된 법률은 다르다. 일반행정구의 직권은 〈지방 각급 인민대표 대회와 지방 각급 인민정부 조직법〉에 의해 구체적으로 규정되며, 민족 자 치구는 일반 행정구역의 직권도 가진 외에 〈민족구역 자치법〉에 의해 구체 적으로 규정되며, 홍콩과 마카오 특별행정구의 직권은〈중화인민공화국 홍 콩 특별행정구 기본법〉과 〈중화인민공화국 마카오 특별행정구 기본법〉에 의해 구체적으로 규정된다.

둘째, 목적이 다르다. 일반 행정구역의 구획은 주로 중앙과 지방의 관계 문제를 해결하고, 민족자치구의 수립은 민족 문제를 해결하며, 홍콩 및 마카 오 특별행정구의 설치는 국가의 통일 문제를 해결하기 위해 하는 것이다.

셋째, 자치의 유형이 다르다. 중국의 헌법은 중앙 통일의 영도 하에서 지 방 국가기관은 충분한 결정과 지방 사무를 관리할 권리를 가진다. 즉, 지방 정권은 모두 일정한 자치권을 가진다. 세 가지 행정구역 모형의 실질은 모 두 지방구역의 자치이다. 일반행정구역의 자치는 민주적인 형식이며, 지방 자치의 공통성을 구현하여 일반적인 자치권을 가진다. 민족자치구의 자치 는 민족적인 형식에 속하며, 공통성과 특수성의 결합으로 민족자치권을 향 유한다. 특별행정구의 자치는 특별적인 형식에 속하며, 공통성과 특수성, 민족성과 국제적인 결합으로 고도의 자치권을 가진다.

넷째, 각 행정구역의 수장 선임방식이 다르다. 일반 행정구역의 성장(省 長)은 본급 인대선거에서 선출되며, 민족자치구의행정수장은 지역자치를 실시하는 본급 인대선거에서 선출되는 본 민족의 국민이 맡고, 홍콩 및 마 카오 특별행정구의 행정장관은 현지에서 선거나 협의를 거쳐 선출되며, 만 40세가 되고 국외에 거류권이 없는 특별행정구의 영주권자중 중국공민이 된다.

다섯째, 지방정권의 기구설립의 상황이 다르다. 일반지방 각급 인민정부는 인민해방전쟁의 승리와 함께 국민당의 지방정권을 전복시킨 후에 이루어졌다. 일반적으로 모두 군사 통제 시기를 거쳤다. 민족자치 지방의 인민정부는 내몽골 자치구를 제외하고 모두 신중국 성립 이후, 헌법의 관련 규정에 근거하여 각 민족 인민이 협의하여 인민대표대회에 선출한 것이다. 홍콩 및 마카오 특별행정구 정부는 "일국양제(一國兩制)"의 구상에 근거하여 1982년 헌법 제31조는 〈중화인민공화국 홍콩 특별행정구 기본법〉과 〈중화인민공화국 마카오 특별행정구 기본법〉의 구체화에 따라 제정될 것이라고 규정한다.

광서(光緖)(1908년 2월 2일부터 1909년 1월 21일까지) 34년부터 시작하여, 첫 해에는 '성·진·향 지방자치 장정(城鎭鄕地方自治章程)'를 반포해야 했다. 1912년 청 왕조의 멸망에도 불구하고 중화민국 초기의 각 지방에서는 계속해서 지방자치를 추진하였고, 자치의 범위를 성(省)에까지 확대하고자 요구했다.

그중 2가지를 예로 들면 다음과 같다. ① 국가는 적극적으로 지방자치를 추진하고, 현행의 보갑제도(保甲制度)를 폐지하며, 아래에서부터 위로의 보통선거를 실시하고, 성 이하 각급 지방민선 정부를 설치해야 한다. ② 중앙과 지방의 권한은 균권주의(均權主義)를 채택하고, 성에서는 성헌(省憲)을 스스로 제정할 수 있으며, 각지에서는 지역에 따라 다른 조치를 채택할 수 있어야 한다. 아래에서부터 위로의 보통선거를 실행하며, 신속하고 보편적으로 성·시에 포함된 현 참의회를 성립시키고 현장(縣長)의 민선(民選)을 실시한다고 규정하였다.

자치구의 자치조례와 단행조례는 전국인민대표대회 상무위원회의 비준을 받아야 한 후에 효력을 발생한다. 자치주(自治州), 자치현(自治縣)의 자치조례와 단행조례는 성(省) 또는 자치구의 인민대표대회 상무위원회의 비준을 받아야 한 후에 효력을 발생하고 인민대표대회 상무위원회에 기록하여 놓아야 한다.

① 법률을 통해 정식으로 민족구역자치 제도를 중국의 하나의 기본정치제도로 기술하였다. ② 민족자치지역 자치권에 관한 일부 규정을 보완하였다. ③ 민족자치지역에 대한 재정적 지원을 강화하였다. ④ 투자, 금융 등 측면의 민족자치지역에 대한 지원을 강화하였다. ⑤ 경제발전지역과 민족자치지역 간의 맞춤형 지원을 권장하였다. ⑥ 신규 조로써 소수민족의 교육문화 사업을 발전시키고 소수민족의 인재를 양성하도록 규정하였다. ⑦ 각 부서와 지방에 관련 법규를 제정하여 해당법률을 실시할 것을 강조하였다.

특별행정구인 고도자치구의 약칭은 '행정특구'이며 중국의 판도 내에서 중국의 헌법과 기본법의 규정에 따라 설정한 특수한 법률적 지위가 있고 특별한 정치와 경제 제도를 실행하는 행정구역을 가리킨다. 또한 특별 특구의 정부는 그가 관할하는 지역 사회의 정치, 경제, 재정, 금융, 무역, 공상업, 토지, 교육, 문화 등 측면에 대해서 고도의 자치권을 가진다는 규정이 있고, 이것은 '일국양제'의 구체적인 실천이다.

촌민위원회(村民委員會)는 촌민이 자기관리, 자기교육, 자기서비스를 하는 기층군중성(基層群衆性) 자치조직이다. 이 규정은 기층군중(基層群衆) 자치제도가 명확한 제도적 정의를 가지게 하였고, 촌민자치가 새로운 군중(群衆) 자치제도와 직접적인 민주제도로서 법적으로 정식으로 확립되게 하였다.

현행헌법 제104조 지방인대 상무위원회의 업무는 ① 해당 행정구역 내의 중대한 사항을 토론·결정한다. ② 지방인대 상무위원회는 해당 정부·법원·검찰원의 업무를 감독한다. ③ 지방인대 상무위원회는 해당 정부의 적절하지 아니한 결정과 명령을 취소한다. ④ 지방인대 상무위원회는 하일급 지방인대의 적절하지 아니한 결의를 취소한다. ⑤ 지방인대 상무위원회는 법률에 의해 국가기관 공무원을 임면한다. ⑥ 지방인대 상무위원회는 해당 인대의 폐회기간에 상일급 인대의 개별 대표를 파면하고 보선(補選)한다.

* 참고 법률 및 시행령 등

1. 대한민국 헌법

2. 지방공무원법

3. 지방자치법과 지방자치법 시행령

4. 지방재정법

5. 주민투표법

6. 공직선거법

7. 국토의 계획 및 이용에 관한 법

8. 지방교부세법과 시행령

9. 보조금관리에 관한 법률

10. 국가균형발전특별법

11. 지방교육자치에 관한 법률

12. 자치경찰에 관한 법령

13. 대통령령〈지방자치단체의 행정기구와 정원기준 등에 관한 규정〉

14. 환경분쟁조정법

15. 조례

미주

1편 한국의 지방자치제도: 이론과 실제

1장 지방자치와 그 특징

1 정일섭, 『한국지방자치론』(4정판) (고양: 대영문화사, 2015), p. 23.

2 대한민국 헌법 제1조 제2항. 대한민국의 주권은 국민에게 있고, 모든 권력은 국민으로부터 나온다.

3 정일섭, 앞의 책, p. 24를 참고하여 재구성함.

4 주민자치란 주민의 일상생활과 밀접하게 관계있는 지방행정사무를 지역주민 스스로 또는 대표자가 주민의 의사와 책임 아래 처리하는 것을 일컫는다. 단체자치란 국가로부터 자치권을 위임받아 위임사무를 처리하는 경우를 말한다. 이 두 개념은 지역주민의 의사와 책임을 중시하기 때문에, 양자는 상호보완적 가치를 가진다.

5 중민(中民)이론은 중민을 "중산층 중에서도 사회적 약자의 아픔에 공감하고 이들과 연대해서 사회의 불합리한 부분을 바로 잡으려는 사람들"로 정의하고 있다. 박세준, "'진보 사회학자' 한상진 "與 행태는 민주주의 해치는 병리적 현상,"『新東亞』, 2021. 02. 27.

6 정일섭, 앞의 책, pp. 24-25.

7 강원택, 『지방정치의 이해1』(서울: 박영사, 2016), pp. 12-13에서 민주주의의 결핍이라는 이름으로 19가지를 지적하고 있다. 이 19가지의 결핍에 대한 설명은 한국의 현실을 잘

표현하고 있다.

8 김주원 외, 『한국주민자치 이론과 실제』(고양: 대영문화사, 2019), pp. 65-86.

9 서울시 노원구와 경기도 하남시에서 주민자치회가 출범하였다.

10 김주원 외, 앞의 책, pp. 69-71.

11 위의 책.

12 위의 책.

13 하승우, "지역언론과 시민단체/이익집단," 강원택 편, 『지방정치의 이해2』(서울: 박영사, 2016), pp. 246-255.

14 위의 책, p. 254의 내용을 재구성하여 문제점과 해결 방안을 서술하였다.

15 김욱, "지방정치와 직접 참여 민주주의: 심의민주주의를 중심으로," 강원택, 위의 책, pp. 17-24.

16 金鎬城, "韓國政治文化에 對한 反省的 考察"『서울교육대학교 논문집』17집, (1987), p. 55.

17 Lucian. W. Pye, "Political Culture," in International Encyclopedia of the Social Sciences, vol. 12, David L. Sills (New York: Macmillan and Free Press, 1968) p. 218.

18 김성수, 『새로운 패러다임의 비교정치』, (서울: 박영사, 2015), pp. 155-158.

19 위의 책, pp. 173-182.

20 위의 책, pp. 183-190.

21 金鎬城, 앞의 글, p. 55.

22 하혜수, 『지방분권 오디세이 우리나라 지방분권의 진단과 대안』(서울: 박영사, 2020), pp. 72-100.

23 정일섭, 앞의 책.; 하혜수, 위의 책을 참고하여 작성하였음.

24 선정원 외, 『자치입법론』(파주: 경인문화사, 2020), pp. 10-12.

25 정일섭, 위의 책, p. 116 참조.

26 박재욱, "지방정치와 로컬 거버넌스," 강원택 편, 위의 책, p. 35.

27 지방분권 광주 및 전남 추진본부와 광주시와 전남도의회 공동주최 〈지역균형발전과 지
　방분권을 위한 대토론회〉 (2003. 5. 6).

28 주인석, "민주주의와 지방정치:이론," 강원택 편, 위의 책, pp. 4-6.

29 〈지역균형발전과 지방분권을 위한 대토론회〉 전남대 오재일 교수 발제문 내용 중에서.

2장 한국 지방자치제의 함의

30 盧鏞弼, 『〈東學史〉와 執綱所 研究』(서울: 國學資料院, 2001), pp. 191-193에 의하면 집강,
　집강처, 집강소가 동학농민혁명 후 처음으로 설치·운영된 것은 아니다. 그러나 필자는
　근대정신에 의한 집강소 설치운영은 동학농민혁명 후에 설치하여 운영되었다고 본다.

31 金鎬城, 앞의 글, pp. 56-66.

32 관료제의 단점으로는 경직성(최고 관리자의 지나친 통제), 분할성(권한의 위임, 전문화
　가 이해관계의 분열, 훈련의 무능 등을 초래), 무사안일성(관료들의 규칙에 의한 소극적
　행동) 등이 지적된다.

33 예안향약은 1556년(명종 11)에 이황이 경북안동 예안지방에 시행한 향약으로서 향촌
　사회의 교화를 위해서 만든 것으로 중국 송나라 여씨 향약(呂氏鄕約) 중에서 과실상
　규(過失相規)만을 중요시한 총 28개항으로 처벌대상자만을 규정하고 있다. 두산백
　과, https://www.doopedia.co.kr/doopedia/master/master.do?_method=view&MAS_
　IDX=101013000730226 (검색일: 2022. 1. 9).

34 서원향약, 서원향약은 1591년(선조4) 율곡 이이가 청주목사로 부임하여 제정한 향약으
　로서 선악 두편으로 만들어 선을 권장하고 악을 징계하는 세칙을 규정하고 있다. 향토문

화전자대전, http://www.grandculture.net/ (검색일: 2022. 1. 9).

35 율곡은 해주목사로 있을 때 위의 여씨향약과 예안향약을 근거로 하고 자신이 만든 서원 향약을 수정하여 향약의 내용이 상세한 해주향약을 만들었다(1577년). 탁양현, 『율곡 이이 율곡전서』(고양: e퍼플, 2019).의 해주향약 참조.

36 빈민을 구휼하는 제도 중 하나이다.

37 李珥, 『栗谷全書』 29권 『經筵日記』 7년 2월, "......養民爲先 敎民爲後."

38 김삼웅, 『개남, 새 세상을 열다』(서울: 모시는 사람들, 2020), pp. 211-214.

39 〈東學軍과 京兵講和〉 이때는 甲午 5월 旬間이라 동학군과 관군은 서로 강화를 이룬 후 관군은 京城으로 올라가고 동학군은 전라도 53개 주에 집강소를 설치하여 民間庶政을 처리케 되었다." 盧鏞弼, 앞의 책, p. 195 참조.

40 위의 책, pp. 200-209.

41 집강소의 역할은 동학군이 1894년 9월에 재봉기한 이후 1895년 1월 해체될 때까지 계속 되었다. 위의 책, pp. 209-210 참조.

42 김삼웅, 앞의 책, p. 214.

43 정일섭, 『지방자치란 무엇인가?』(서울: 윤성사, 2019). pp. 23-29.

44 대통령 이승만이 간선제로 재선이 될 가능성이 적다고 판단하여, 직선제 개헌-수권을 노리고 지방선거 의회구성 추진한 것으로 보인다. 위의 책, p. 23.

45 윤용희, 『한국과 미국의 분권과 지방자치론』(대구: 책과 세계, 2021), pp. 62-64.

46 최종술, "지방정치와 자치," 강원택 편, 위의 책.

47 윤용희, 앞의 책, pp. 65-66.

48 해당공직자는 국가공무원, 지방공무원, 선거관리위원, 농어업협동조합, 지방공기업, 바르게살기·새마을 운동·자유총연맹(시·도, 및 구·시·군)의 대표자, 언론사 임원, 공익법무관, 공중보건의, 국제협력의사, 정부가 50%(한국의행포함) 이상 지분을 가지고

있는 공공기관임원 등등으로 이루어져 있다.

49 윤용희, 앞의 책, pp. 66-67.

50 최종술, "지방정치와 자치," 강원택 편, 위의 책, pp. 320-346 참조.

51 강원택 편, 위의 책, pp. 336-337의 내용을 재구성함.

52 강원택 편, 위의 책, pp.320-333을 재정리함.

53 강원택, 위의 책, pp. 332-333.

제3장 한국지방자치단체의 기관과 자치사무

54 이용선, 『지방자치론』 (고양: 대영문화사, 2019), p. 162.

55 이용선, 위의 책, pp.161-178.

56 이용선, 위의 책, pp. 167-174.

57 이용선, 위의 책, pp. 211-212.

58 이용선, 위의 책, pp. 217-218의 도표 참조.

59 이용선, 위의 책, pp. 232-233.

60 지방의회가 성립되지 아니하거나 지방의회의 의결사항 중 주민의 생명과 재산보호를 위해서 긴급하게 필요한 사항에 대하여 지방의회를 소집할 시간적 여유가 없거나 지방의회의 의결이 지체될 때, 장은 선결처분할 수 있다. 이때는 지체 없이 의회에 승인을 얻어야 하고 승인을 얻지 못하면 선결처분은 그때부터 효력을 상실한다(지방자치법 제109호).

61 정일섭, 앞의 책, (2015), pp. 197-202.

62 위의 책.

63 정일섭, 앞의 책, (2019), pp. 63-70.

64 이용선, 앞의 책, pp. 346-347.

65 위임사무로 인해서 첫째, 지방자치를 명목상의 자치로 만들고, 둘째, 중앙정부와 지방정부 간의 행정적 책임이 불명확하고, 셋째, 행정능률이 저해되고 중앙과 지방 간의 갈등이 조장된다는 문제점 등이 지적되고 있다. 이용선, 위의 책, pp. 349.

제4장 지방자치와 정당

66 본서의 제1장 2절 참조

67 하세헌, "지방정당," 강원택 편, 앞의 책, pp. 159-160.

68 황아란, "지방선거," 위의 책, pp. 185-188.

69 본서의 제3장 5절 참조.

제5장 지방정치와 지방재정

70 원구환, "지방정치와 재정," 강원택 편, 앞의 책, pp. 274-278.

71 원구환, 위의 책, pp. 283-284.; 정일섭, 앞의 책, (2019), pp. 364-365

72 원구환, 위의 책, pp. 284-286.

73 위의 책, pp. 286-287.

74 위의 책, pp. 288-289.

75 지방자치단체조합의 장은 그 조합의 투자사업과 긴급한 재난복구 등을 위한 경비를 조달할 필요가 있을 때, 또는 투자사업이나 재난복구사업을 지원할 목적으로 지방정부에 대부할 필요가 있을 때 정부승인을 받은 범위 내에서 조합의 구성원인 각 지방자치단의 지방의회의 의결을 얻어 지방채를 발행할 수 있다(지방재정법 제11조 4, 5항).

제6장 한국 지방장치단체의 문제점과 개선점 고찰

76 이근영, 『지방분권 국가로 가는 길: 뭉쳐야 산다』 (경기: 한국학술정보, 2019).

77 엄태식, "우리나라 지방정치 발전사," 강원택, 앞의 책, pp. 79-82.

78 본서의 제1장 참조

79 정상호, "지방의 권력구조," 강원택 편, 앞의 책, pp. 91-92.

80 본서의 제1장 참조.

81 임철순, 『한국의 맹자 언론가 이율곡』 (파주: 열린 책들, 2020).

제7장 지방자치의 사례연구-주민자치회를 중심으로

82 한국향토문화전자대전(http://www.grandculture.net/) 참조.

83 서울특별시 동작구 주민자치회 설치·운영에 관한 조례 제1383호(2018.5.3.) 제2조.

84 위와 같음.

85 서울특별시 동작구 주민자치회 설치·운영에 관한 조례 제1383호(2018.5.3.) 제1조.

86 서울특별시 동작구 주민자치회 설치·운영에 관한 조례 제1383호(2018.5.3.) 제2장 제4
조와 제5조 참조.

87 서울특별시 동작구 주민자치회 설치·운영에 관한 조례 제1383호(2018.5.3.) 제3장.

88 서울특별시 동작구 주민자치회 설치·운영에 관한 조례 제1383호(2018.5.3.) 제4장.

89 서울특별시 동작구 주민자치회 설치·운영에 관한 조례 제1383호(2018.5.3.) 제6장 제22
조.

90 서울특별시 동작구 주민자치회 설치·운영에 관한 조례 제1383호(2018.5.3.) 제6장 제23
조.

91 흑석동 주민자치회, "제3회 흑석동 주민총회 자료집," 2021년 제3회 흑석동 온라인 주민
   총회, 2021. 7., pp. 9-10.

92 위의 글.

93 위의 글, p. 10.

94 위의 글, p. 22.

2편 동아시아의 지방자치제 연구

1장 일본의 지방자치

95 Wセミナ,『バイブル行政學』(東京: 早稻田經營出版, 2002), pp. 117-120.

96 판적봉환(版籍奉還)은 1869년 7월 25일 일본의 메이지 시대 초기에 행해진 조치로, 다이
   묘들이 일본 천황에게 자신들의 영지(領地)와 영민(領民), 즉, '판적'을 반환하였던 일이
   다.

97 松本英昭,『地方自治法の概要』(東京: 學洋書房, 2007), pp. 14.

98 배병호, "일본의 지방분권개혁입법에 관한 연구,"『입법학연구』15(2), (2018), pp. 5-6.

99 이진원, "근대 일본 지방통치제도의 발전 과정,"『일본학보』55(2), (2003), pp. 508.

100 鳴海正泰,『戰後自治體改革史』口(東京: 日本評論社, 1982), pp. 28-29.

101 이진원, "전후 일본 지방자치제도 개정의 쟁점과 의미: 1946년 지방제도 개정과 1947년
   지방자치제도 제정을 중심으로,"『일본학보』105, (2015), pp. 22-13.

102 배병호, 앞의 글, pp. 4-5.

103 이진원, "역코스와 일본 지방자치: 1956년 지방자치법 개정을 통해서 본 일본지방자치
   의 성격,"『일본학보』109, (2016), p. 286.

104 지방공공단체의 조합은 보통 지방공공단체나 특별구가 담당하고 있는 사무의 일부를 공동처리하기 위해 설치한 법인을 말한다. 재산구는 시정촌이 합병을 할 때 그 전에 시정촌이 소유, 관리하고 있던 산림, 토지와 재산을 신 시정촌에 합병하는 것이 아니라 전에 소유하고 있던 시정촌이 그대로 관리, 처분할 수 있도록 하기 위해 설치된 행정조직을 말한다. 김병기·류건우·박성호, "글로칼시대의 해외지역 경제발전 연구,"『통상정보연구』16(3), (2014), p. 280.

105 배병호, 앞의 글, pp. 6-8.

106 일본의 지방의회는 의원정수 12분의 1 찬성으로 예산안을 제외한 의안을 제출할 수 있다.

107 보통 지방자치단체장은 지방의회에 매 회계연도 예산을 도도부현과 지정도시에서는 연도 개시 전 30일, 그 밖의 시장촌에서는 연도 개시 전 20일까지 제출하여 개시 이전에 의결을 받아야 한다.

108 일본 지방의회는 재적의원 3분의 22이상 출석과 4분의 3 이상의 찬성으로 지방자치단체장의 불신임을 의결할 수 있다.

109 보통지방공공단체는 지역에 있어서의 사무 및 기타의 사무로 법률 또는 이것에 근거하는 정령에 의해 시행한다.

110 김용철, "일본 지방의회제도에 관한 고찰,"『지방자치법연구』7, (2010), pp. 179-181.

111 배병호, 앞의 글, p. 10.

112 배병호, 앞의 글, p. 11.

113 배병호, 앞의 글, p. 30.

114 오시영 편저,『일본의 행정과 공공정책』(서울: 법문사, 2008), pp. 254-255.

115 도도부현의 하부에는 기초지방자치단체인 시정촌이 있으며, 일부 도시는 행정상 별도의 정령지정도시, 중핵시, 특례시 등으로 지정되어 있다. 정령지정도시는 인구 규모상

70만 이상으로 한국의 광역시와 특정시에 해당한다. 행정구조 면에서는 광역자치단체인 도도부현에 속하고 자치권이 없는 행정구를 두기 때문에 한국의 특정시와 비슷하다. 중핵시는 인구 30만 이상이어야 하며 시 의회와 도도부현 의회의 의결을 거쳐 정령으로 지정된다. 특례시는 인구 20만 명 이상으로, 지정을 원하는 시의 신청과 시의회, 도도부현 의회의 의결을 거쳐 정령으로 지정된다. 중핵시와 함께 구를 설치할 수는 없다.

116 西尾勝, 오재일 역, 『미완의 분권개혁』(광주: 전남대학교출판부, 2005), pp. 40-41.

117 宇賀克也, 『地方自治法概說』(東京: 有斐閣, 2011), p. 155.

118 배병호, 앞의 글, pp. 12-24.

119 이윤석, "일본 지방자치단체 통합의 성과에 관한 고찰: 지자체 관련 전문경영인의 관점에서," 『전문경영인연구』 22(3), (2019), pp. 145-147.

120 이윤석, 앞의 글, p. 157.

121 安倍内閣総理大臣記者会見(2014.9.3.).

122 地方創生が国の経済政策の地方への波及を目指していることから "地方創生'を'ローカル・アベノミクス' とする: 村上裕一, 『政策現場と内閣主導: '地方創生' を通して見るそ れらの関係』 季刊行政管理研究 No16. 行政管理研究センター(2018.3.), 8.

123 이상호, 『한국의 지방소멸2018』(서울: 한국고용정보원, 2018), p. 7.

124 김현선・根本直樹, "日本の地方創生の現況: 今後の韓国地域政策への示唆を中心に," 『한림일본학』 33(1), (2018), pp. 5-8.

125 배병호, 앞의 글, p. 30.

126 신현기, "일본 광역단위 자치경찰제도에 관한 연구," 『자치경찰연구』 10(1), (2017), pp. 25-26.

127 이진원, "역코스와 일본 지방자치: 1956년 지방자치법 개정을 통해서 본 일본지방자치

의 성격," 『일본학보』 109, (2016), p. 274.

2장 대만의 지방자치

128 徐仁輝, 台灣民主化與地方自治, 第十一屆兩岸四地公共管理學術研討會: 公共治理的現代化承續與發展, 2015. 05. 15.

129 김병국, 김필두, 하영애, 〈대만의 지방자치관련 법규집〉, 한국지방행정연구원, 1996.

130 하영애, 〈대만지방자치선거제도〉, 삼영사, 1991.

131 1994년에 행정구역 개편 관련 법안을 통과시켰는데, 1994년 7월 입법원에서 〈성현자치법(省縣自治法)〉과 〈직할시자치법(直轄市自治法)〉을 통과시켰다. 이는 대만의 지방자치 법제화가 실현되는 계기로 작용했다.

132 1994년 12월에 대만 역사상 유일한 대만성 성장 선거가 실시되어 쑹추위(宋楚瑜) 국민당 후보가 당선되었다. 그러나 국민당 소속 리덩휘(李登輝) 당시 총통이 정치적 라이벌인 쑹추위의 영향력을 약화시키기 위해 1998년 12월 대만성 업무 기능을 중단하는 선언을 했다.

133 한국지방행정연구원, 《각국의 지방행정체제 개편 사례》, 2009.

134 지은주, "2018년 대만의 지방선거와 국민투표 분석," 『국제지역연구』 28권 1호, (2019), pp. 121-153.

135 Mattlin, Mikael. Politicized Society: Taiwan's Struggle With its One-Party Past. NIAS Press, 2018.

136 Cheng, Tun-Jen. 1989. "Democratizing the Quasi-Lininist Regime in Taiwan." World Politics, 41(4): pp. 471-499.

137 Bosco, Joseph. 1992. "Taiwan Factions: Guanxi, Patronage, and the State in Local

Politics" Ethnology, 31(2): 157-183.

138 Przeworski, Adam. 1995. Sustainable Democracy. Cambridge: Cambridge University
   Press. pp. 19-33.

139 지은주, 위의 글, pp. 121-153.

3장 중국의 지방자치

《참고문헌》

박대헌(2017); 중국 일반지방자치제도에 관한 헌법학적 연구, 민속원

조대식(2004) ; 인천-중국 지방자치단체간 교류 활성화방안, 인천발전연구원

김정계 (1988); 中國 中央政府의 構造的 特徵과 機能, 한국행정학보, 제 22 권, 제 1 호.

김호성 (1990); 지방자치제에 대비한 지방행정조직 개선연구, 고려대학교.

최상석 (1999); 중앙정부의 지방정부통제에 관한 연구, 계명대학교.

陈小京, 伏宁等（2001）;中國地方政府体制结构, 中國广播电视出版社.

周振鶴（2005）; 中國地方行政制度史, 上海人民出版社.

張文禮（2009）; 当代中國地方政府，南开大学出版社.

刘佐(2012);中国地方税制概览, 中國税务出版社.

马怀德(2015); 行政法与行政诉讼法, 中國法制出版社.

熊文钊(2012); 大國地方-中央与地方关系法治化研究,中國政法大學出版社.

王釜屾(2014); 地方立权之研究, 浙江工商大學出版社.

张千帆(2012); 国家主权与地方自治: 中央和地方关系的法治化, 中國民主法制出版社.

郑宇硕 (1987); 香港政制及政治, 香港天地图书.

刘乃强(2007)；行政会议的实际运作模式—访香港行政会议召集人梁正英，中国评论．

孙国伟 (2017)；特别行政区高度自治权研究，硕士论文．

徐键(2010)；地方财政自主权研究，博士论文．

王建學(2008)；作为基本权利的地方自治，博士论文．

丁艳(2014)；中国民族区域自治制度的研究，华夏地理．

罗宇 (2013)；民族地区文化旅游产业发展研究，硕士学位．

马惠芳(2013)；民族经济发展和构建和谐社会的关系探究，生产力研究．

郑长德 (2015)；中国少数民族地区发展报告，中国经济出版社．

张爱敏 (2019)；改革开放以来中国共产党民族政策演进研究，西安理工大学．

朱子义(2018)；我国少数民族研究生招生政策研究，西南大学．

中华人民共和国中央人民政府. https://www.gov.cn

内蒙古自治区政府门户网站. http://www.nmg.gov.cn/

广西壮族自治区人民在政府门户网站. http//www.gxzf.gov.cn/

한국과 동아시아 지방자치제도의 이해

초판 1쇄 발행 2022. 03. 11.

편저자　　김호성

펴낸이　　**방주석**
펴낸곳　　**도서출판 소망**
주 소　　　10252 경기도 고양시 일산동구 고봉로 776-92
전 화　　　031-976-8970
팩 스　　　031-976-8971
이메일　　　somangsa77@daum.net
등 록　　　(제48호) 2015년 9월 16일

ISBN　　　979-11-977658-3-4 93350

책값은 뒤표지에 있습니다.